全国教育科学

U0590370

非营利性背景下
义务教育阶段
民办学校风险防范研究

邵 博 ◎ 著

广东高等教育出版社
Guangdong Higher Education Press

·广州·

图书在版编目（CIP）数据

非营利性背景下义务教育阶段民办学校风险防范研究/
邵博著. —广州：广东高等教育出版社，2022.12
ISBN 978 – 7 – 5361 – 7427 – 6

Ⅰ.①非…　Ⅱ.①邵…　Ⅲ.①民办学校—中小学—学
校管理—风险管理—研究—中国　Ⅳ.①G637

中国版本图书馆 CIP 数据核字（2022）第 254194 号

出版发行	广东高等教育出版社
	社址：广州市天河区林和西横路
	邮编：510500　营销电话：（020）87551436
	http://www.gdgjs.com.cn
印　　刷	广东虎彩云印刷有限公司
开　　本	787 毫米 ×1 092 毫米　1/16
印　　张	9.75
字　　数	160 千
版　　次	2022 年 12 月第 1 版
印　　次	2022 年 12 月第 1 次印刷
定　　价	36.00 元

前　言

　　私立教育在我国源远流长。近代中国的私立教育曾对中国教育做出过重要贡献，产生过一批办学卓有成效且有自己特色的私立学校。改革开放以来，我国民办教育快速发展，有效增加了教育服务供给，培养了大批合格人才，为创新教育体制机制、促进经济社会发展做出了积极贡献，成为促进教育事业改革发展的重要力量。

　　2016 年 11 月 7 日，备受关注的《中华人民共和国民办教育促进法》经第十二届全国人民代表大会常务委员会第二十四次会议第二次修正。此次修法的核心是实行非营利性和营利性民办学校分类管理，这也是第一次在法律上明确可以举办营利性民办学校，新法力求从法律层面破解民办教育发展面临的法人属性、产权归属、扶持政策、平等地位等方面的突出矛盾和关键问题。随着分类管理改革和义务教育阶段民办学校规范管理政策的推进，义务教育阶段民办学校政策环境面临巨大调整。面对新的机遇和挑战，义务教育阶段民办学校如何防范和化解办学风险，各利益相关方在办学风险防范中扮演什么角色，是摆在政府、民办教育研究者和举办者面前迫切需要解决的重大现实问题。

　　本书以分析现状、阐发理论、服务现实为方向，在剖析我国义务教育阶段民办学校风险的主要成因及防范对象的基础上，对政府在化解义务教育阶段民办学校办学风险中的责任及履责路径进行分析，对义务教育阶段民办学校规避自身办学风险的路径选择问题进行探讨。

　　基于这种思路，本书共分六章。

　　第一章绪论交代问题的提出，进行文献综述，对本书的研究方法、研究思路做出说明，构建义务教育阶段民办学校办学风险的研究框架。第二章从非营利组织理论、风险理论两个维度阐述非营利性背景下义务教育阶段民办学校办学风险防范的理论基础。第三章回顾民办义务教育的发展历程，分析民办义务教育的主要办学模式。第四章介绍部分发达国家民办义务教育的发展情况，分析相关发达国家民办义务教育的政策特点。第五章从生源风险、财务风险、政策风险等方面分析非营利性背景下义务教育阶段民办学校面临的主要风险。第六章从政府和民办学校两个方面，探讨了防范义务教育阶段民办学校办学风险的策略，并介绍了相关案例。姚小平、涂润宇、李柏羲、谢仁发、赵啸波为本书提供了部分案例，在此表示感谢。

由于水平所限，本书难免存在不当之处，敬请同行和读者批评指正。

目　　录

第一章 绪 论

改革开放以来，我国民办教育快速发展，有效增加了教育服务供给，培养了大批合格人才，为创新教育体制机制、促进经济社会发展做出了积极贡献，成为促进教育事业改革发展的重要力量。当前，我国正在由教育大国向教育强国迈进，进入以提高质量、促进公平、改善环境、优化结构为主要特征的新发展阶段，民办教育特别是非营利性背景下义务教育阶段民办学校面临着前所未有的机遇和挑战。如何防范和化解非营利性背景下义务教育阶段民办学校办学风险，实现民办学校规范持续健康发展，是当前政府和社会各界关注的重要问题。本章简要介绍非营利性背景下义务教育阶段民办学校办学风险问题提出的背景，综述非营利性义务教育阶段民办学校办学风险问题研究的现状，并对本书的研究意义、研究方法和研究思路进行说明。

第一节 问题的提出

2016 年 11 月 7 日，备受关注的《中华人民共和国民办教育促进法》（以下简称《民办教育促进法》）经第十二届全国人民代表大会常务委员会第二十四次会议第二次修正。此次修法的核心是实行非营利性和营利性民办学校分类管理，这也是第一次在法律上明确可以举办营利性民办学校，新法力求从法律层面破解民办教育发展面临的法人属性、产权归属、扶持政策、平等地位等方面的突出矛盾和关键问题。

长期以来，民办学校在法人属性上归类为非营利组织和民办非企业单位，但合理回报的规定与非营利性组织法律制度不衔接，影响相关扶持政策落地。修法明确实行非营利和营利性民办学校分类管理，规定举办者可以自主选择设立非营利或营利性民办学校，根据学校章程规定的权限和程序参与学校的办学和管理。现有民办学校选择登记为非营利性民办学校的，可依照修改后的学校章程继续办学；选择登记为营利性民办学校的，应当进行财务清算，依法明确财产权属，并缴纳相关税费，重新登记，继续办学。

《民办教育促进法》明确规定，"民办学校的举办者可以自主选择设立非营利性或者营利性民办学校。但是，不得设立实施义务教育的营利性民办学校"。即允许举办实施学前教育、高中阶段教育、高等教育以及非学历教育的营利性民办学校，唯独剔除了义务教育阶段。据此，义务教育阶段现有民办学校在新法实施后，将丧失选择机会，全部登记为非营利性民办学校。

对于为什么义务教育阶段不能办营利性民办学校这个问题，教育部教育发展研究中心综合研究部主任王烽从三个方面进行了解读。首先，扭曲的"市场"不足以调节教育供需。我国义务教育如果存在市场，那就是一个被严重扭曲的市场：教育质量标准指向应试、进名校，社会上对教育改变命运的迫切期待、家庭对自己孩子教育的跟风攀比心理等导致非理性入学竞争，抬高所谓"优质教育"价码。在这样的市场上，资本的逐利性会反过来强化这一扭曲。市场机制可以借鉴，但哪怕是一部分义务教育完全交给市场，都既有害公平，也不会带来真正属于教育的"效率"。其次，义务教育的提供并不存在一个充分竞争市场。充分竞争市场能够降低产品服务价格、提高质量，但在公共产品领域，在信息不对称或垄断情况下就会失灵。义务教育的教学过程针对未成年人，他们不能辨别自己所接受服务的质量，甚至家长对这一概念都可能是模糊的，这就存在信息不对称。许多国家的经验还表明，营利性学校的设立需要政府审批，不能自由准入。加上任何国家、政府对义务教育的课程、教学都有明确规定，对校长教师资格、学校管理都有规程要求，公平、自由竞争无从谈起。相信通过市场竞争可以降低学费、提高质量，这种想法未免太理想化了。最后，需要保持大资本甚至"游资"与学历教育之间的屏障。当前，一些大企业、基金、民间游资对学历教育跃跃欲试，是为积累或转移资产、套取现金流、获取短期利润。这些办学目的与学校发展需要的稳定、学生成长需要的环境格格不入。现实中比比皆是的举办者与校长的矛盾就很能说明问题。如果学校出了问题，就需要政府出面兜底，或许还需要花纳税人的钱。放开学历教育特别是义务教育营利，实际上等于移除了教育和这些资本之间的屏障。①

---

① 王烽. 为什么义务教育禁办营利性民办学校 [N]. 光明日报，2016 – 11 – 11.

2021 年 4 月 7 日，中华人民共和国国务院令第 741 号发布修订后的《中华人民共和国民办教育促进法实施条例》（以下简称《民办教育促进法实施条例》）。《民办教育促进法实施条例》明确，实施义务教育的公办学校不得举办或参与举办民办学校，也不得转为民办学校。任何社会组织和个人不得通过兼并收购、协议控制等方式控制实施义务教育的民办学校、实施学前教育的非营利性民办学校。实施义务教育的民办学校不得与利益关联方进行交易。2021 年 7 月，教育部、中央编办、国家发展改革委、民政部、财政部、人力资源社会保障部、自然资源部、住房和城乡建设部等八部门印发《关于规范公办学校举办或者参与举办民办义务教育学校的通知》（教发〔2021〕9 号）。规定公办学校单独举办、公办学校与地方政府及相关机构合作举办的义务教育学校，应办为公办学校，按照属地原则，划归市、县级地方政府教育行政部门统一管理。但对于优质教育资源缺乏的地区，由地方政府引进区域外公办学校合作举办的义务教育学校，应坚持公有属性，完善管理模式。公办学校与其他社会组织、个人合作举办的民办义务教育学校，符合"六独立"要求（即独立法人资格、校园校舍及设备、专任教师队伍、财会核算、招生、毕业证发放）的，可继续举办民办学校，但应在履行财务清算等程序，并对民办学校及相关单位、企业等使用公办学校校名或校名简称进行清理后，公办学校可逐步退出；经协商一致且条件成熟的，也可转为公办学校。不符合"六独立"要求的，地方政府要限期整改；整改不到位的，可视情况将其转为公办学校或终止办学。

随着分类管理改革和义务教育阶段民办学校规范管理政策的推进，义务教育阶段民办学校政策环境面临巨大调整，义务教育阶段民办学校将全部登记为非营利性民办学校，原有公办学校举办或参与举办的民办学校将转为公办，或公办学校退出举办主体。面临新的机遇和挑战，义务教育阶段民办学校如何防范和化解办学风险，各利益相关方在办学风险防范中扮演什么角色，是摆在民办教育研究者、政府和举办者面前迫切需要解决的重大现实问题。

第二节　文献综述

一、义务教育阶段民办学校相关研究

（一）功能性研究

杨天化以民办义务教育的功能性分析为主线，论述了民办义务教育存在的可能性以及民办义务教育对于优化教育资源配置的作用。他认为，发展民办中小学教育是解决由于经费不足而导致教育资源供给不足以及配置效率低下的有效方法，同时还可以合理地疏导家长的"非理性择校"行为。从现实意义考虑，民办教育作为民间资本的载体成为公办教育的有益补充。从市场经济运行的本质分析，社会主义市场经济体制下的多种所有制并存承认了民办教育存在的合理性。从法律角度来看，"择校"行为和"择校费"现象并未与《义务教育法》相违背，从经济学角度分析，"择校"行为和"择校费"现象使得义务教育资源配置没有达到帕累托最优。[①]

于艳玲认为，在义务教育阶段建立民办学校带来了双重效应，它发挥了在高等教育、职业教育、成人教育阶段民办学校的作用，即一定程度上激活了教育机制，满足了部分家长的需求等，但是在教育公平与效率、公益性与营利性的关系上，却与义务教育产生了矛盾纠葛，受利益的驱动，民办教育的办学主体在办学体制、办学理念上更多追求的是效率和营利性。追求效率本无可厚非，但民办（私立）学校追求效率的实质是追求效益，由此与义务教育的公平性有所偏离。另外，毫无疑问，教育尤其是义务教育是公益性事业，是不允许营利的，而民办（私立）教育的营利性是其不能回避的。在我国社会主义市场经济的国情下，应正确认识基础教育阶段的义务教育和民办教育的关系。[②]

---

① 杨天化. 民办义务教育的功能性研究 [D]. 北京：财政部财政科学研究所，2011.
② 于艳玲. 义务教育阶段民办（私立）学校的悖论研究：兼论我国存在的主要问题及对策 [D]. 长春：东北师范大学，2006.

（二）管理体制研究

周兴平认为，研究民办义务教育管理体制改革必须立足其所处的"场域"，即关注改革的历史趋势、政策环境、社会文化等社会情景。将"管理体制改革"分为四个构成要素：一是民办义务教育学校产权与法人属性体制；二是民办义务教育学校内部治理体制；三是民办义务教育学校利益分配体制；四是民办义务教育学校监督管理体制。而产权与法人体制改革是民办义务教育管理体制改革的前提条件和关键所在。只有先明晰产权和法人属性方能构建合理的学校内部法人治理结构，才能在民办学校发展过程中既保证举办者的投资利益，又维护义务教育的公益性。同时，辅之以内外部结合的监督机制，保证改革各环节的有效实施。

（三）政策研究

骈茂林认为，对非营利性、营利性民办学校分类监管，是落实"分类管理"法律制度的一项重要措施。《民办教育促进法》修正后，由于法人类型及其提供的教育服务属性，义务教育阶段非营利性民办学校的监管内容、工具、结果使用等方面将呈现新的特点：在内容上将完善对"禁止分配"规定执行的监管，强化对财政资助使用效果的监管；在方式上将发挥第三方机构的作用，更多采用基于标准的专业监管工具；在结果使用上将更充分地公开并接受公众监督。这些方面与对公办学校、营利性民办学校的监管均存在一定差异。义务教育阶段非营利性民办学校监管政策制定的难点在于，如何在政府干预的"强制性"和民办学校的"自治性"之间找到平衡。[1]

王一涛认为，通过纯粹的市场机制调节教育资源易导致学校之间发展失衡，影响教育公平。政策制定者通过带有强制性制度变迁特征的"公民同招"政策对民办义务教育学校的招生方式进行调整。"公民同招"政策实现了部分政策目标，但是也产生了一些政策"副效应"：民办学校的特色发展受到影响、学生的教育选择权受到侵蚀。为进一步提高政策制定和执行的有效性和可持续性，一要提高教育政策的精准性，

---

[1] 骈茂林. 义务教育阶段非营利性民办学校的监管政策走向 [J]. 中国教育学刊，2018（8）：18－22.

二要提高政策的权变性，三要提高政策的系统性，在法制框架下推进教育改革。①

李虔，郑磊认为，民办义务教育具有义务教育和民办教育的双重属性。改革开放以来，民办义务教育在补充公办教育投入不足、创新办学行为和体制机制、满足多元需求等方面做出重要贡献。进入新时代以来，民办义务教育的特殊性被进一步强调，主要改革逻辑包括三方面：一是更加重视规模范畴和结构范畴的结合，强调落实政府责任，优化义务教育结构；二是在规范非制度化创新的同时，更加强调凝聚发展目标共识，以规范办学保障强公益属性和良好社会效益；三是更加注重反思义务教育民办学校的功能角色，强调超越西方经验，发展适应新时代中国特色社会主义的民办义务教育。在新时代教育现代化发展事业中，民办义务教育的未来发展应顺应自上而下的"调结构"战略任务，实现从"被动调"到"主动调"的转变。在此过程中部分优质民办学校会加快转型升级，并保持一定热度，民办义务教育将在各方博弈中不断发展，进而逐步走向成熟。②

（四）分类管理研究

蔡金花在《分类管理背景下义务教育阶段民办学校非营利性过渡研究》中，分析了分类管理义务教育阶段民办学校的政策变化，指出了义务教育阶段民办学校登记为非营利性学校的实践困境。她认为，义务教育阶段民办学校在办学收益、奖励补偿、扶持政策、监管方式等方面面临一系列政策变化，分类管理背景下义务教育阶段民办学校管理存在举办者合理回报诉求强烈、补偿奖励难以操作、扶持政策突破难度大、缺乏有效监管手段等困境，可能引发举办者退出义务教育办学的风险、办学经费难以为继的风险以及民办学校同质化的风险。她建议：坚持分类改革方向与尊重举办者权益相结合，健全非营利性民办学校政府扶持政策体系，强化对非营利性民办学校的监督。③

---

① 王一涛. 义务教育"公民同招"政策的制定、执行与路径优化：兼论我国民办教育政策变迁［J］. 教育与经济，2021（5）：58－65.

② 李虔，郑磊. 新时代民办义务教育的改革逻辑与发展空间［J］. 中国教育学刊，2021（9）：1－6.

③ 蔡金花. 分类管理背景下义务教育阶段民办学校非营利性过渡研究［J］. 中国教育法制评论，2020（1）：89－101.

叶芸认为，民办教育"1＋3"文件的颁布，使民办学校分类管理具有了法律依据。义务教育阶段民办学校不得设立为营利性，其属性要么是民办非企业单位法人，要么是事业单位法人。分类管理后义务教育民办学校产权的归属、办学模式的选择、政府差异化财政扶持的力度、学校办学的自主权等都是影响民办学校持续发展的现实问题。把握分类管理的精神实质，落实差异化的财政扶持政策，赋予学校合理的自主收费权，是义务教育民办学校健康可持续发展的有效措施。[①]

（五）特色发展研究

马镛在《传统与再生：中国私立和民办中小学的本土成长》一文中分析了民办中小学的办学宗旨与特色、课程特色、教学创新和校园文化建设。他认为，民办中小学的办学特色更加丰富多彩，如以管理上的规范、严格为特色，以注重培养习惯、磨炼意志为特色，以培养学科尖子、国内外竞赛优胜者为特色，等等。

（六）历史研究

胡大白主编的《中国民办教育通史》（分古代卷、近代卷、当代卷三卷）撰述了从古代、近代到当代中国民办教育的产生、形成与绵延发展的历史。全书集中各个历史时期、各层面、各类型厚重的中国教育史料之大成，从古代官学、书院到近代私学、当代民办教育的转型，构建了融历史文献、考古学成果、传统文化遗存为一体的中国民办教育史结构体系，填补了教育史学领域尚无一部全面系统的中国民办教育史专著的空白。该书认为，中国民办教育史是中华民族长期形成的、已定性的教育遗产，是中华民族文明进化过程的重要教育渊源。中国传统民办教育对于世界教育的贡献是多方面的。

黄藤、阎光才合著的《民办教育引论》（中国社会科学出版社，2003 年版），以历史的眼光透视当代，从历史、逻辑和现实三重维度对中国民办教育的里程做了较为全面的梳理。既有对私学产生背景、发展里程以及特征的分析和概括，也有对私学个案的重点解剖，对中国民办教育的现状做了比较全面的研究。

---

① 叶芸. 义务教育民办学校分类管理的现实困惑及解决对策 [J] 上海教育科研，2018（12）：66－70.

施克灿、林钧等著的《中国教育改革开放 40 年：义务教育卷》（北京师范大学出版社，2019 年版），回顾了中国改革开放 40 年来义务教育的巨大变化，肯定了取得的丰硕成果和积累的宝贵经验，分析了存在的问题和困难，厘清未来发展目标。该书认为，随着我国改革开放的深入和现代化建设进程的加快，40 年来，我国民办义务教育逐步发展，不仅在数量上达到了相当的规模，而且在质量上得到了社会的认可，形成了一定的结构、层次和办学特色，逐步成为我国义务教育的重要组成部分，在提高全民素质方面发挥了重要作用。

（七）国际比较研究

在谢安邦、曲艺主编的《外国私立教育》一书中，全面介绍了日本、韩国、印度、菲律宾、马来西亚等亚洲五国，英国、俄罗斯、意大利、荷兰等欧洲四国，美国、墨西哥、巴西、智利等美洲四国，埃及、南非等非洲两国，以及以澳大利亚为代表的大洋洲等国的私立教育。通过比较世界私立教育，该书认为，各国私立教育发展都经历了多次波折和艰险，甚至一些国家的私立教育历经了多次生死的考验。比较有代表性的是美国、日本等国。早在美国殖民地时期，由于基督教与新教之间的矛盾，使私立教育发展内部出现问题，险些被"公立化"。1819 年的达特茅斯学院案，该州的多级法院都判达特茅斯学院败诉，所幸的是经过 4 年多坚韧不拔的上诉，终于胜诉。这成为美国私立与公立高等教育发展的分水岭，它使私立教育能够再次生存下去。1922 年俄勒冈州通过法律，规定儿童必须就读公立学校，否则将受到罚款或入狱的处罚。虽然该州 7 ~ 13 岁的儿童入学率达到了 95% 左右，但在私立学校上学的不到 7%，显然这是削弱私立教育的法律性措施。这样，美国私立教育在发展早期就经历了三次威胁。日本曾在 1872 年用新学制将约 4 600 所私立小学改为公立学校，私立教育发展受到很大的影响。可喜的是后来颁布的《专科学校令》使日本将私立教育的发展转为高等教育，私立教育发展才有了新的空间。该书认为，私立教育发展好的阶段是政府给予扶持或疏于管理的时候。比较世界私立教育的发展史会发现，发展较好的时期往往集中在政府支持或少管，甚至不管的时期。政府的不管或少管，本身就意味着政府对私立存在价值的默许，或私立教育发展本身不存在大的问题，用不着政府来管理与规范。该书认为，私立教育发展在一定时期会出现跨越式发展。私立教育发展不是线形的，往往有其自身的规律。当发展到一个阶段时，会长时间构筑一个平台，然后在此基础上可能出现跨越式的上升或下降。如19世纪前后，由于西方资产阶级对义务教育普及的重视，私立教育在全世界范围内出现了大的增长。其后，经过了20~30年时间私立教育相对稳定，在第二次世界大战以后随着高等教育需求的旺盛，20世纪50—70年代私立教育又出现跨越式发展。我们有理由相信，随着第三世界高等教育的迅猛发展、终身教育和学习化社会的逐步完善、人们对高质量教育的渴求，私立教育在世界范围内还会出现多次跨越式发展。

汪霞主编的《发达国家义务教育发展现状》以美国、英国、澳大利亚、日本等发达国家为研究对象，围绕义务教育的发展变化和基本现状，从义务教育政策法规、义务教育制度、义务教育财政、义务教育教师准入与培训以及义务教育的评价与考试等方面，分析了这些国家义务教育改革的发展现状。该书认为，在确保国家和各级政府部门对义务教育的支持和投入的同时，各国都在致力于寻求义务教育办学体制的多样化，尤其是私立中小学的发展。这种多元体制使中小学呈现出多样化的特点，也为多元化人才的培养和家长择校提供了基础和可能。在管理体制上，在处理学校和政府的关系方面，各国政府越来越认识到尊重学校的办学主体地位，如英国强调政府管理应该是一种"间接"的管理，美国的"特许学校"等。多样化的办学模式既减轻了政府的经济负担，又为学生家长提供了多元化的选择，这是发达国家义务教育办学体制的普遍特征。

二、风险理论与民办学校风险防范相关研究

（一）风险理论的研究

1. 风险的概念

德国学者乌尔里希·贝克考察了风险社会的各种定义关系，如特定文化背景下的规则、制度和对风险的认定和评估能力，把风险定义为"系统地处理现代化自身引致的危险和不安全感的方式"。吉登斯认为，传统文化中没有风险概念，风险这个概念出现在16、17世纪，他将风险定义为"在与将来可能性关系中被评价的危险程度"。吉登斯区分了两种风险：自然风险与人工风险，并认为我们现在越来越多地面对各种

类型的人工风险，即由于我们自己的知识和技术对自然界的影响而引发的风险。美国学者尤金·罗莎综合并改进罗杰·卡斯帕森等人的观点，认为"风险是某种具有人类价值的事物（包括人类自身）在其中处于危急关头，而其结果不确定的一种局面或事件"。国内学者李伯聪曾经把风险定义为"针对个人、集体或人类社会而言的有可能在未来带来有害后果的不确定性"。①

　　总体上，学界对于风险的界定，围绕着风险实在论和风险建构论两个维度展开。张广利认为，在风险社会理论领域存在着客观主义和主观主义两种立场的争论，并主张应该把二者融合起来。风险实在论认为风险源自客观存在的某种危险；风险建构论认为，风险与人的感知有关，是社会和文化的建构，并且与人们对它的解释分不开。西班牙技术哲学家奥特加·Y.加塞特和贝克持有风险实在论的观点。加塞特的研究表明，人在自然中的存在方式包含风险的存在，这种风险很大程度上源自自然给人制造的困难和挑战。贝克认为：产生于晚期现代性的风险，指向完全逃脱人类感知能力的放射性、空气、水和食物中的毒素和污染物，以及相伴随的短期和长期的对植物、动物和人的影响。风险基于切实存在的放射性、毒害和污染及其产生的客观影响，尽管人们会对这些毒害和影响做出不同的主观判断。②

　　风险建构论则提出，只要风险和人们的期望有关，那么风险必定是价值负载的，风险显示为人们的主观建构。根据主体层次的不同，这种建构有两大方面。第一，风险首先与个人的感知有关，风险感知论研究的主要代表人物有保罗·斯洛维克、玛丽·道格拉斯、阿隆·维达夫斯基和施雷德·福瑞切特。保罗·斯洛维克试图将风险发生时的行为与关于概率判断和风险选择的心理学研究联系起来，建立了关于风险的心理测试学体系。道格拉斯和维达夫斯基认为，现代的风险其实并没有增加，而仅仅是感知到的风险增加了。福瑞切特则提出一个贝克莱式的风险界说，即除了被感知的风险之外没有风险存在，风险的存在就是它的

---

　　① 郭洪水. 当代风险社会：基于哲学存在论与复杂系统论的研究［M］. 北京：中国社会科学出版社，2015：6.
　　② 郭洪水. 当代风险社会：基于哲学存在论与复杂系统论的研究［M］. 北京：中国社会科学出版社，2015：7.

被感知。第二，风险的界定与认知和社会文化背景紧密相关，不同的文化对风险的判断和抉择是不一样的。这种观点可以叫作风险文化论，其主要代表者是斯科特·拉什。拉什借用康德的决定性判断与反思性判断理论来分析风险：在康德哲学中，决定性判断是客观判断，采用数学和物理模型；反思性判断是主观判断。因此相应地，决定性判断希望理解风险，致力于对风险的"科学认知"；反思性判断应该是风险文化的核心。①

与风险的价值负载和主观建构相应，风险也具有解释学特征。风险是不可见的、隐蔽的，这为风险的解释留下了丰富的空间。贝克对于风险解释学表示了很多关注。他指出晚期现代性的风险，是以科学知识的形式，借助因果解释，而被社会界定和建构的。此外，学者们也看到了实在论和建构论不应该是割裂的，而是统一的。贝克和当代瑞典学者斯文·汉森都持有这种观点。贝克认为，有关风险的陈述从来没有简化为仅仅是关于事实的陈述，它包括理论的和规范的内容，这都是它的组成部分。汉森也指出，风险概念既有价值成分又有事实成分。罗杰·卡斯帕森和尤金·罗莎也认为，风险既是一种现实的威胁，也包含社会文化的建构。后者主张对风险的理解，要包含本体论的现实主义和认识论的视角。②

2. 风险的来临

这方面的研究明确提出，当前人类已经进入风险社会。风险不是哪一个国家或哪个人的问题，而是我们这个时代的关键问题。甚至有人提出了风险社会的具体对应时间为 20 世纪晚期至 21 世纪。德国学者卢曼早就提出，今天我们生活在一个除了冒险别无选择的社会。贝克认为，风险在今天成为突出问题，乃至出现"风险社会"，是现代化的一个后果。贝克认为现代化有两个阶段，风险社会的出现是第二个阶段——晚期现代性的主导特征。吉登斯也认为，风险概念尽管早就提出，但是风险社会的出现则是当代的事情。现在我们面对的是一个不安全的、充满焦虑的全球社会。随着冷战的结束，国家之间的激烈对抗不再占据主导地位，各国面临的最严重的问题是不断扩大的不平等和生态风险。贝克和吉登斯都认为，当代风险社会是全球性的，他们都认可了"世界风险

①② 郭洪水. 当代风险社会：基于哲学存在论与复杂系统论的研究 [M]. 北京：中国社会科学出版社，2015：7.

社会""全球风险社会"的概念。沃特·阿赫特贝格也都支持贝克、吉登斯的这个判断。①

3．风险社会的根源

关于风险社会的根源，学者们指出了工业社会的迅速发展是主因，其中科学、技术和资本都发挥了关键作用。马尔库塞认为发达工业社会步入了单行道，盛行单面思维，总是排除对它的反思和批判，这是危险的。贝克把风险社会的原因归结为现代工业的过度生产，其中"科学成为对人和自然的全球污染的保护者"，它以因果关系和"断定可接受值"的方式主导着风险界定和评估。吉登斯认为，在现代性条件下，技术变迁是神速的，我们现在越来越多地面对各种类型的人工风险，即由于我们自己的知识和技术对自然界的影响而引发的风险。约纳斯认为，现代技术本身孕育着巨大的风险，必须引起人们负责任的关注。马克思曾经指出，不断提高的利润能使资本铤而走险、践踏一切人间法律乃至冒绞首的危险。这生动地阐明了资本逐利的本性及其风险。吉登斯指出，资本主义以"理性地冒险"推动了当今风险社会的发展。②

4．风险的扩散

风险扩散是指风险在时空层面不断扩展的过程。在此过程中，各种风险要素之间也发生系统性的相互作用，乃至催生新的风险。关于风险扩散，在经济学和管理学的文献中有基于数学模型的研究。英国学者尼克·皮金、美国学者罗杰·E. 卡斯帕森和保罗·斯洛维奇主编了一个文集，研究了"风险的社会放大框架"，描述了社会与个体因素的相互作用及其如何放大或减弱对风险的认知，涵盖了疯牛病与食品安全、AIDS/HIV、核电、儿童保护、千禧年、电磁场以及废物焚化等风险议题。③

5．风险的评估与治理

关于风险评估的研究内容主要涉及三个方面。第一，风险的量化研究与非量化研究的争论。美国学者福瑞切特发现：风险的定义和评判分

---

① 郭洪水. 当代风险社会：基于哲学存在论与复杂系统论的研究［M］. 北京：中国社会科学出版社，2015：8.

②③ 郭洪水. 当代风险社会：基于哲学存在论与复杂系统论的研究［M］. 北京：中国社会科学出版社，2015：9.

为两类，即工程学的和人文主义的。工程学的定义倾向于从工程角度分析技术项目本身运行的成败得失，在评判其造成的后果时，看重可以量化的身体伤害（physical harm），如年均死亡概率。哲学家和人文主义批评家则针锋相对地认为，风险不能仅仅定义为定量的伤害。科学技术的发展常常造成一些不可量化的损害等，这些损害也是必须要考虑的。

第二，贝克、汉森、芭芭拉·亚当和约斯特·房龙等学者集中批判了风险研究中的量化方法。贝克认为，工程学的量化方法在当代的风险认知和把握中已不能适用。原因在于：伴随技术选择能力增长的，是它们的后果的不可计算性。汉森则指出，典型的真实生活的情景是以没有精确概率的不确定性为特征的，这一点尤其体现在技术中。大多数技术风险的概率是不能精确知道的。芭芭拉·亚当和约斯特·房龙在总结学术界的风险研究的时候也认为，风险社会已经把我们带出了数学计算的安全范围，因此风险已经不能再简化为事件发生的概率乘以潜在危害的强度和范围。

第三，鉴于量化方法的局限，贝克认为，风险治理的关键是如何在全球范围内公平地分担风险责任和风险收益。由于全球性风险社会的发展，全球治理和公共治理都是风险治理的题中应有之义。美国学者、2009 年诺贝尔经济学奖得主埃莉诺·奥斯特罗姆基于实证研究提出了"多中心自主治理"的公共治理思路，给风险治理提供了重要启发。①

（二）与教育有关的风险研究

1. 教育和学校的社会风险

熊庆年、吴正霞认为，教育系统作为社会系统的一个子系统，其在发展过程中也存在着各种各样的风险，有些风险产生于教育自身，有些风险来自社会，两类风险统称为教育社会风险，都可能会影响社会稳定。教育社会风险是一种客观存在，对社会的稳定和教育的发展则是不确定性的因素。当今社会，教育的潜在风险在不断加大，教育社会风险的态势也在变化，风险的危害程度、表现形式有时是难以预料的。要立足于社会群防群治，构建多维多向的综合防范体系。对于可能引起教育

---

① 郭洪水. 当代风险社会：基于哲学存在论与复杂系统论的研究 [M]. 北京：中国社会科学出版社，2015：10.

社会风险的外部因素要从源头上加以治理，在制度上进行协调和应对。①

　　姜传松认为，教育社会风险是教育与社会领域的风险因素交互作用的产物，包括社会给教育带来的输入性风险和教育给社会带来的输出性风险。防范和控制教育社会风险、促进教育与社会的和谐发展应双管齐下，在提高风险防范意识的基础上，建立有效的风险防范机制。社会给教育带来的风险是来自教育外部的风险，即社会存在的风险因素和风险事件对教育构成的威胁与危害，使教育面临各种各样、程度不等的风险。错误的教育理念、低下的教育管理水平和落后的教学方法与手段等教育风险也可能输出和投射到社会，冲击正常的社会规范秩序，从而给社会造成各种危害与损失。②

　　倪娟认为，教育风险存在于教育的所有领域，包括学前教育、基础教育、高等教育、继续教育等职前与职后的全部学校教育范畴。通常指教育实践以及改革过程中，由社会、政治等各个领域及教育系统内部各种不确定性因素对教育整体良性运行和协调发展造成损害性影响的一种可能性关系状态。教育问题会导致教育风险，但不完全等同于教育风险，只有危及安全的教育问题才能够称之为教育风险。教育风险会导致教育危机，但不直接等同于教育危机。危机是已发生了的事件，而风险只是教育危机发生的一种可能性存在。教育领域风险点错综复杂，通常不包括自然风险，主要涉及各种类型的有一定程度预防与化解可能的人为性占主要的教育风险，指通过教育政策、理论和教育实践去改变、改造人和世界过程中带来的可能性的不良关系状态。教育领域风险特征既有社会领域风险的共同性，又有教育领域的特殊性。教育风险点与社会风险在共性方面，具有全球性、突发性、隐藏性、累积性等普遍性特征；在特殊性方面，具有区域性、耦合性、复杂性、弥散性、关键性等特有属性。在建立教育领域风险防范机制方面，倪娟认为，在揭示各类教育领域风险点特征的基础上，才可能有针对性地形成各类风险的防范机制。首先，教育风险的影响因素涉及方方面面，需由教育主管部门、专家学者、有关校外教育机构、教师、家长等代表共同组成教育风险发

---

①　熊庆年，吴正霞. 教育社会风险略论 [J]. 教育发展研究，2010（11）：63－67.
②　姜传松. 论教育社会风险及其防范 [J]. 教育学术月刊，2011（12）：51－53.

生预警研究机构，精准分析教育风险诱发的因素与条件，以及各种可能性后果及其防范策略，制订科学合理的风险评估指标体系并进行实时监控，对教育政策出台前、执行中做出相应的分析调控。再次，要研究建立完善教育风险信息沟通机制，做到教育风险治理主体和教育利益相关各方的良性沟通，保证信息的公开透明与畅通。另外，也需研究建立教育风险应急管理机制，明确风险治理主体如何充分发挥主体作用，研究如何积极引导和提升各相关单位和人员协同参与突发事件的应急处理的意识与能力。最后，研究建立各种教育风险点的问责机制，对教育风险点治理中多主体的责任做分析，合理分配各主体的风险责任，并确保能追究到具体的责任。当然，在教育风险治理的制度化过程中，也应注意防止"制度性"风险的产生。①

何玉海在《学校教育社会风险：本质内涵与评估指标》中分析了学校社会风险的内涵，提出了学校教育社会风险评估指标体系构成。认为，学校教育面临着各种社会风险，同时，学校教育中的一些风险因素演变成的风险事件也给社会带来风险。因此，我国学校亟待实施学校教育社会风险管理。学校教育社会风险是指社会上的各种相关因素、自然灾害以及学校教育活动与管理本身等因素变量演化成的风险事件给学校教育带来某种危险的可能性或后果，以及学校教育本身的一些风险因素演变成的风险事件给社会带来的某种危险的可能性或后果。学校教育社会风险指标体系，是一个由学校面临的教育社会风险评估指标体系和学校教育对社会的风险评估指标体系构成的指标群。②

2. 教育改革、教育政策的风险

在《教育改革的风险及其防范》中余秀兰认为处于风险社会环境中的教育改革是一种风险决策。风险分配的逻辑是平均化，但当前社会中弱势人群会承担更多的风险。因此，必须从风险的角度思考教育改革，呼唤决策伦理，强化制度防范，建立多元参与的教育改革决策体系。③

---

① 倪娟. 教育风险：整体安全视域下的教育风险研究新视角［J］. 上海教育科研，2019（5）：23－28.
② 何玉海. 学校教育社会风险：本质内涵与评估指标［J］. 现代教育管理，2012（7）：60－65.
③ 余秀兰. 教育改革的风险及其防范［J］. 教育发展研究，2009（3）：59－62.

蔡剑桥认为，教育政策的价值可以通过话语、文本和效应三个坐标体系进行评价。好的教育政策评价是理性价值与工具价值的结合。教育政策的理性价值体现在民主与科学的目标体系中，通过恰当而有意义的工具实现。风险社会中，具有工具意义的教育政策风险评估是"好的教育政策"的必要依据。在诸多政策风险评估工具中，比较适合教育政策特点的工具是 CIM 分析法。在教育政策的决策过程当中，各类风险因素不可能有序出现，而是呈现出较强的随机性，因此并联响应型 CIM 模型更为合适。①

刘海滨、杨颖秀认为，在教育政策制定和执行的过程中，受到政策制定者有限理性的制约，政策最终的执行效果与政策目标之间可能会存在危害性差异，即教育政策风险。由此可以看到，教育政策风险的产生主要是由于教育政策制定和执行过程中的不确定因素所引发的。教育政策风险过高会导致政策目标难以实现，政策效能低下，政策生命周期缩短，甚至可能会造成重大的灾难性后果。所以，要在政策制定过程中对政策风险进行科学的评价和预测，从而降低教育政策风险。这种在教育政策决策之前，依照某种法则并采取一定方法对教育政策风险进行评价和预测的过程就是教育政策风险评估。它既是保证教育政策顺利实施、促进教育政策目标得以实现、减少教育政策负效应的重要手段，又是教育政策制定与实施过程的重要保障环节，也是教育政策决策的重要内容。②

3. 教育选择的风险

张亚强在《教育选择风险的现状、成因及其思考》中将教育选择风险界定为教育预期与未来实际结果之间的差距，它具体表现为能够在多大的概率下实现最初的预期或在多大的程度上实现最初的预期。教育选择的本质是具有复杂目的的主体对复杂客体进行选择，因而就有可能使某些选择并不能达到人们最初的预期。教育预期与未来实际结果两者间的不一致，将其定义为风险而不是定义为不确定性。把教育选择主体

① 蔡剑桥. 风险评估："好的教育政策"评价之依据 [J]. 高校教育管理, 2017（6）: 95-102.

② 刘海滨，杨颖秀. 我国教育政策风险评估问题及消解策略 [J]. 现代教育管理, 2011（12）: 56-59.

的预期与客观效果之间的这种联系称为风险，即教育选择风险，它的一个重要指标是教育投资收益率。教育选择行为的执行者有多个主体，如国家、个体和企业。在现实生活中，教育又被分为各级各类教育，所以教育选择的外延具有丰富性。与此相对应，教育选择风险也有不同的分类，根据选择主体划分，分为国家教育选择风险、个体教育选择风险和企业教育选择风险；根据教育类别划分，可以分为职业教育选择风险、普通教育选择风险等。教育选择风险发生于教育选择行为，而终止于人力资本的实现。[①]

第三节　研究的目的和意义

一、研究目的

（1）在充分的文献回顾的基础上，厘清目前国内外对义务教育阶段民办学校办学风险研究的现状及其发展动态。

（2）根据已有文献和实际调研结论，分析义务教育阶段民办学校办学风险。

（3）分析政府在防范和化解义务教育阶段民办学校办学风险中的责任及其履责路径。

（4）分析义务教育阶段民办学校防范办学风险、促进自身持续发展的具体对策。

二、研究意义

化解办学风险，实现义务教育阶段民办学校持续健康发展，这是一个既具理论价值又有现实意义的研究课题。它不仅可以丰富和深化民办教育研究，而且为我国民办义务教育改革与发展提供理论支撑，更好地指导义务教育阶段民办学校的办学实践。

---

① 张亚强. 教育选择风险的现状、成因及其思考［J］. 青海师范大学学报（哲学社会科学版），2011（1）：127－131.

第一，义务教育阶段民办学校风险防范问题的研究，有助于深化民办义务教育的理论研究。当前，关于我国民办义务教育的理论研究远远滞后于我国民办义务教育实践的发展和需求。如前所述，民办义务教育的研究主要集中在民办义务教育组织的内涵及相关概念研究，民办义务教育发展的背景、意义、现状、趋势及对策等方面研究，以及义务教育阶段民办学校产权、政策等专题性研究。在这样的研究背景下，开展义务教育阶段民办学校办学风险防范研究，有利于弥补当前理论研究的不足，丰富我国民办教育研究理论。

第二，开展对我国义务教育阶段民办学校风险防范的研究，有利于增强民办学校管理者的风险意识。当前我国民办学校的管理极不完善，这不仅表现在宏观政策法规的随意性上，而且还表现在民办学校内部管理的非科学性上。出现这些问题在很大程度上与民办学校管理者缺乏风险意识有关。从风险的角度来研究我国义务教育阶段民办学校存在的问题，对于增强义务教育阶段民办学校管理者的风险意识，改善义务教育阶段民办学校的制度环境具有重要意义。无论是作为政策法规制定者的政府，还是作为内部管理者的学校领导，都应牢固树立风险意识，审慎地对待所面临的问题，否则这些问题就有可能演变为危机，进而严重威胁到民办学校的生存与发展。

第三，对义务教育阶段民办学校风险防范这一问题进行较深入的探讨和分析，有利于更深刻地认识义务教育阶段民办学校发展现状，揭示民办义务教育发展的特殊需要，为政府更好地促进民办义务教育的发展指出改进方向，为义务教育阶段民办学校自身改革提供路径，从而更好地推动我国民办教育的可持续发展。

第四节　研究框架和研究方法

一、研究框架

本书以分析现状、阐发理论、服务现实为方向，在剖析我国义务教育阶段民办学校面临的主要风险的基础上，对政府在化解义务教育阶段民办学校办学风险中的责任及履责路径进行分析，对义务教育阶段民办学校规避自身办学风险的路径选择问题进行探讨。

基于这种思路，本书安排如下主要内容。

第一章绪论交代问题的提出，进行文献综述，对本书的研究方法、研究思路做出说明，构建义务教育阶段民办学校办学风险的研究框架。

第二章从非营利组织理论、风险理论两个方面阐述非营利性背景下义务教育阶段民办学校办学风险防范的理论基础。

第三章回顾民办义务教育的发展里程，分析民办义务教育的主要办学模式。

第四章介绍部分发达国家民办义务教育的发展情况，分析相关发达国家民办义务教育的政策特点。

第五章从生源风险、财务风险、政策风险三个方面分析非营利性背景下义务教育阶段民办学校面临的主要风险。

第六章从政府和民办学校两个方面，探讨防范义务教育阶段民办学校办学风险的策略，并介绍相关案例。

二、研究方法

基于上述研究思路和研究内容，本研究主要采用如下方法。

1. 文献分析法

义务教育的研究离不开文献法，因为只有通过对重要文献资料的发掘、整理和分析，才能得到有价值的研究资料。因此，本研究也将对当前国内外关于风险防范问题以及义务教育阶段民办学校健康发展相关问题的研究文献，以及有关民办教育的法律政策文本进行梳理、分析。这种梳理、分析将有助于拓宽研究的深度和广度，增加研究的可信度和说服力。

2. 对比分析法

由于发达国家私立学校的建立已有着悠久的历史和丰富的经验教训，因此，本研究拟将对美、日等国私立学校的成功经验贯穿于对我国义务教育阶段民办学校风险防范机制的主题研究之中，以期对我国的民办学校风险治理实践提供参考。

3. 个案分析法

通过个案研究，从微观层面对义务教育阶段民办学校风险防范管理进行深层观察和剖析，有利于我们对现阶段我国义务教育阶段民办学校所面临的主要风险及其成因有更全面的透彻了解。

4. 调查法

为了克服研究者自身经验、视野和思维方式上的局限，使研究成果更具有科学性，本研究对国内一些有影响的义务教育阶段民办学校举办者进行问卷调查，调查分析义务教育阶段民办学校举办者对义务教育阶段民办学校发展问题的看法、意见和建议。

第五节　相关概念的界定

一、义务教育阶段民办学校

《民办教育促进法》第二条规定："国家机构以外的社会组织或者个人，利用非国家财政性经费，面向社会举办学校及其他教育机构的活动，适用本法。"其界定了民办教育的全部内涵：一是由非国家机构的社会组织或者个人举办；二是利用非国家财政性经费办学。根据这两点对民办教育的基本界定，本书所研究的义务教育阶段民办学校是指经国家批准、具有法人资格、国家机构以外的社会组织或个人，利用非国家财政性经费，面向社会举办的纳入国家统招计划的民办义务教育机构。

二、风险与学校风险

1. 风险

从词源角度来分析，风险（risk）始于希腊文 cliff 一词的派生之义 risi，在拉丁文中为 risicare，后在古意大利文中 risicare 意为敢冒险之义，经由法文演变为 risque，意为航行于危崖间，直至 17 世纪中期英文才出现 risk 一词。

从词义角度来分析，风险早期用于航海业，意为可能发生的危险，特指自然灾害或触礁事件，后演变为保险业或法律术语，意为遇到破坏或损失的机会或危险。在 20 世纪自然科学和社会科学等诸多学科的相关研究中，逐渐将风险看作人为行为和决策的产物。

最早将风险概念引入经济学研究的当数约翰·汉尼斯（J. Haynes）在其 1895 年所著《作为经济因素的风险》（*Risk as Economic Factor*）一书，书中认为风险意味着损害的可能性。此后，特别是 20 世纪 60 年代以来，风险研究出现了大量的文献，涉及自然科学、社会科学中的诸多学科。但不同人或不同领域对其有不同的理解。

美国学者威雷特于 1901 年在其博士学位论文《风险与保险的经济理论》中给风险下了这样的定义："风险是关于不愿发生的事件发生的不确定性的客观体现。"威雷特简明的定义却概述了风险的三层含义：①风险的本质是不确定性；②风险是客观存在的；③风险被人厌恶，人们不愿其发生。

美国经济学家弗兰克·奈特（F. H. Knight）在他所著的《风险、不确定性和利润》一书中对风险的含义做了进一步阐述，他认为风险不是一般的不确定性，而是"可测定的不确定性"。

美国学者威廉姆斯（C. A. Willimas）和汉斯（R. M. Heins）在《风险管理与保险》中对风险所下的定义为："风险是在一定条件下，一定时期内可能产生结果的变动。预期结果与实际结果的变动，意味着预期与实际的偏离，偏离的程度反映了风险的大小。"

日本学者武井勋认为："风险是在特定环境中和特定时期内自然存在的导致经济损失的变化。"

《韦伯字典》中将风险定义为"遭到伤害、损害或损失的可能性"；《现代汉语字典》把风险定义为"可能发生的危险"。

随着人们对风险理论研究的深入，当前被普遍接受的风险的定义就是中国学者田德录的观点，他认为，"风险是指在特定时期内，人们对对象系统未来行为的决策及客观条件的不确定性而引起的可能后果与预期目标发生多种负偏离的综合"①。

2．办学风险

义务教育阶段民办学校办学风险是指民办学校在经营管理过程中，因法规政策、生源、市场主体、组织管理、财务等因素的不确定性，导致学校经营管理过程中出现失误而使办学主体遭受损失的不确定性。

与公办学校不同，义务教育阶段民办学校是"国家机构以外的社会

---

① 李钊. 民办高校办学风险防范研究［M］. 北京：社会科学出版社，2009：23.

组织或者个人利用非国家财政性经费"举办的义务教育机构。作为一个自主经营、自负盈亏的非营利性组织，义务教育阶段民办学校得到的国家财政性经费非常有限。因此，与公办学校相比，义务教育阶段民办学校在经营管理过程中，有着更为严重的财务风险、政策风险、市场风险以及质量风险等。防范办学风险，成为民办学校一个具有很强实践性价值的现实课题。

第二章　非营利性背景下义务教育阶段民办学校办学风险防范的理论基础

第一节　非营利组织理论

一、非营利组织和非营利性法人的概念

现代社会是一个组织化的社会，政府、企业和非营利组织是现代社会的三种基本组织形态，它们分别是政治、经济和社会领域的组织载体。人类社会的实践表明，没有一个健康的强壮的社会部门的支持，市场经济和民主政治都无法有效运行。①

非营利组织（non-profit organization，NPO）作为一个概念，是20世纪70年代才流行起来的。在此之前，并没有一个统一的概念来称谓政府与企业之外的各种组织，医院就是医院，学校就是学校，博物馆就是博物馆，基金会就是基金会……它们彼此并不认为同属于一个部门。20世纪70年代以来，这些组织的快速发展引起了学界和政府的重视，出于学术研究和公共政策的考虑，最终赋予了这些组织一个统一的概念。由于历史文化和社会制度方面的差异，各国使用的概念并不一致，内涵也不尽相同。尽管无论是从法律角度还是从学术角度，各国并没有形成对非营利组织的统一定义，但总体上看还是形成了一定的基本共识，即非营利组织是不以营利为目的，开展各种志愿性的公益或互益活动的非政府的正式组织。②

---

① 王绍光. 多元与统一：第三部门国际比较研究 [M]. 杭州：浙江人民出版社，1999：1.
② 张远凤，邓汉慧，徐军玲. 非营利组织管理：理论、制度与实务 [M]. 北京：北京大学出版社，2016：2.

美国财务会计准则委员会（Financial Accounting Standards Board，FASB）将非营利组织定义为"符合以下特征的实体：（1）该实体从捐赠者处获得资源，但捐赠者并不因此要求得到同等或成比例的资金回报；（2）该实体不以获取利润为目的；（3）该实体不存在所有者权益"。[①]

英国学者肯德尔（Kendall）这样定义非营利组织：广义的非营利部门包括具备章程制度、独立于政府机构、自我管理、不分配盈余、有一定志愿性质的所有组织。[②]

在我国，官方文件很少使用"非营利组织"概念。1988 年 9 月 27 日国务院颁发，2004 年 6 月 1 日废止的《基金会管理办法》第二条："本办法所称的基金会，是指对国内外社会团体和其他组织以及个人自愿捐赠资金进行管理的民间非营利性组织，是社会团体法人。基金会的活动宗旨是通过资金资助推进科学研究、文化教育、社会福利和其他公益事业的发展。由国家拨款建立的资助科学研究的基金会和其他各种专项基金管理组织，不适用本办法。"

1989 年制定的《外国商会管理暂行规定》第二条："外国商会是指外国在中国境内的商业机构及人员依照本规定在中国境内成立，不从事任何商业活动的非营利性团体。"1989 年颁布的《社会团体登记管理条例》第二条："本条例所称社会团体，是指中国公民自愿组成，为实现会员共同意愿，按照其章程开展活动的非营利性社会组织。"2003 年制定的《民法教育促进法》第三条："民办教育事业属于公益性事业，是社会主义教育事业的组成部分。"（注意区分营利性学校和非营利性学校）2004 年国务院颁发的《基金会管理条例》第二条："本条例所称基金会，是指利用自然人、法人或者其他组织捐赠的财产，以从事公益事业为目的，按照本条例的规定成立的非营利性法人。"2004 年，财政部颁布的《民间非营利组织会计制度》中首次明确使用了民间非营利组织的概念。《民间非营利组织会计制度》第二条规定，民间非营利组织

---

① 张远凤，邓汉慧，徐军玲. 非营利组织管理：理论、制度与实务［M］. 北京：北京大学出版社，2016：2.

② 张远凤，邓汉慧，徐军玲. 非营利组织管理：理论、制度与实务［M］. 北京：北京大学出版社，2016：3.

包括依照国家法律、行政法规登记的社会团体、基金会、民办非企业单位和寺院、宫观、清真寺、教堂等。

2020 年 5 月 28 日，第十三届全国人民代表大会常务委员会第三次会议表决通过了《中华人民共和国民法典》（以下简称《民法典》），这是新中国第一部以法典命名的法律，在法律体系中居于基础性地位，也是市场经济的基本法。《民法典》第三章第三节第八十七条规定，为公益目的或者其他非营利目的成立，不向出资人、设立人或者会员分配所取得利润的法人，为非营利法人。非营利法人包括事业单位、社会团体、基金会、社会服务机构等。营利性法人和非营利性法人的划分，既不依循民法通则所确定的企业法人与非企业法人之分，也不简单仿照欧洲大陆法系社团法人与财团法人之别，而径直分为以公司为主要形式的营利法人与以事业单位、社会团体、基金会和社会服务机构为主要形式的非营利法人两大类。一是营利性和非营利性能够反映法人之间的根本差异，传承了民法通则按照企业和非企业进行分类的基本思路，比较符合我国的立法习惯，实践意义也更突出。二是将非营利性法人作为一类，既能涵盖事业单位法人、社会团体法人等传统法人形式，还能够涵盖基金会和社会服务机构等新法人形式，符合我国国情。三是适应改革社会组织管理制度、促进社会组织健康有序发展的要求，创设非营利法人类别，有利于健全社会组织法人治理结构，有利于加强对这类组织的引导和规范，促进社会治理创新。①

二、非营利组织和非营利性法人的基本特点

美国约翰·霍普金斯大学公民社会研究中心（Center for Civil Society Studies，CCSS）的萨拉蒙（Lester M. Salamon）教授在对全球 40 多个国家的非营利组织比较研究的基础上，提出了非营利组织的五大基本属性：

第一，组织性（organized），即一定程度上的制度化。一些国家要求非营利组织具有合法的章程（legal charter of incorporation）除了依法

---

① 张维炜，王博勋. 让民法典成为民族精神、时代精神的立法表达：访全国人大常委会法工委主任李适时 [J]. 中国人大杂志，2016（13）：27－32.

成立之外，制度化也可以通过一定程度的内部组织结构、相对持久的目标和活动以及明确的组织边界（比如会员和非会员）来体现。但是临时性聚集起来的没有明确组织结构和成员身份的一群人不能被视为一个组织。这里讨论的非营利组织是已注册的正式组织，具有独立的法人地位。①

第二，民间性（private），即在制度上独立于政府，非营利组织不是政府机构的组成部分。它们在组织机构上是"非政府"的。这不是说非营利组织不能接受政府的支持或者说政府官员不能成为非营利组织的理事会成员，而是强调非营利组织具有独立于国家的制度身份（institutional identity），不是政府的一个组成单位，因此也不行使政府职权。②

第三，非营利性（non-profit-distributing）和公益性（public good），也就是说非营利组织没有所有者，不能给予任何人利润回报。非营利组织可能在经营活动中获得盈余，但是盈余必须用于完成组织的使命，而不是分配给组织的所有者、成员、创办者或理事会。非营利组织的使命是为了实现某种公益性或互益性目的，在这个意义上，非营利组织尽管是私人组织，却不是为了产生利润，无论是直接还是间接，商业目标都不是其首要目的，其根本任务是为了达成某种公益性或互益性目的。这是非营利组织与其他私人组织——商业企业——的根本区别。③

第四，自治性（self-governing），也就是说非营利组织控制自己的活动。一些非营利组织尽管在组织上是独立机构，但实际上受到政府或企业的严密控制，在功能上成为后者的一部分。为了将这种情况排除在外，萨拉蒙强调了非营利组织必须自治。为了满足这一标准，非营利组织必须在很大程度上控制自己的活动，即它们必须有自己的内部治理结构和程序，享有实际上的自治。④

第五，志愿性（voluntary）或者是非强制性（non-compulsory），也就是存在一定程度的志愿参与和志愿精神。这是出于两个相互区别又相

---

① ② 张远凤，邓汉慧，徐军玲. 非营利组织管理：理论、制度与实务 [M]. 北京：北京大学出版社，2016：7.

③ ④ 张远凤，邓汉慧，徐军玲. 非营利组织管理：理论、制度与实务 [M]. 北京：北京大学出版社，2016：8.

互联系的考虑，一方面，非营利组织在运作和管理过程中会利用志愿者，志愿者可以是理事会成员，可以是不拿工资的员工，也可以是捐赠者。另一方面，"志愿"还意味着"非强制"。受法律或其他强制力的要求而获得成员资格或者捐赠时间、金钱和实务的组织也应该排除在非营利组织之外。①

第六，公益性。非营利组织是私人控制的实体，但它们的存在是为社会目标服务，而社会目标一直被认为是公共利益。

需要特别说明的是，按照《民法典》规定，非营利法人包括事业单位。而《事业单位登记管理暂行条例》规定，事业单位是指国家为了社会公益目的，由国家机关举办或者其他组织利用国有资产举办的社会服务组织。据此，我国的非营利法人中的事业单位法人具有明显的非民间性。因此，我国的非营利法人不能完全等同于西方一般意义上的非营利组织。同时，《教育部等五部门关于印发〈民办学校分类登记实施细则〉的通知》（教发〔2016〕19号）规定，正式批准设立的非营利性民办学校，符合《事业单位登记管理暂行条例》等事业单位登记管理有关规定的到事业单位登记管理机关登记为事业单位。笔者认为，按照此规定登记为事业单位的非营利性民办学校，不同于国家机关或者其他组织举办的事业单位，其主要目的是使符合条件的民办学校享受与公办学校同等的税收、人事等优惠政策，仍然具有强烈的民间性，应当属于非营利组织范畴。

三、失灵理论

（一）市场/政府失灵

按照供求原则，市场是调节私人物品生产和分配的一种有效机制。但在某些情况下，市场不能有效或高效地工作。经济学家称之为"市场失灵"。市场失灵的原因是多样的。例如，有一种市场失灵被经济学家称为"契约失灵"，实质上是典型的买家和卖家关系的破坏。这可能在信息不对称时发生，即卖方比买方有更多的产品信息，破坏了"在双方

---

① 张远凤，邓汉慧，徐军玲. 非营利组织管理：理论、制度与实务 [M]. 北京：北京大学出版社，2016：8.

完全了解的状况下进行交易"这一假设。

在涉及复杂的或无形的产品时尤其可能发生信息不对称。例如，一个人很难判断他获得的教育或医疗护理的实际品质。此外，在某些情况下，买方可能实际上并不是获得服务的人。例如，父母为孩子的教育支付学费、成年的孩子为父母支付养老院护理费用。在这些情况下，买方可能难以获得准确的信息，甚至从用户那里，也难获得关于所提供的物品或服务的实际品质的准确信息。市场也不适合穷人或那些受到歧视的人，因为他们可能没有资金购买他们所需要的东西或可能面临其他障碍。

斯蒂格利茨（Stiglitz）将市场失灵的表现形式归纳为外部性、垄断、公共产品供给不足、市场不完善、信息不对称、失业、收入分配不合理和宏观经济不稳定等。简言之，市场机制鼓励企业与个人追求利润最大化，在有利可图的领域，供给过剩；在无利可图的领域，供给不足。而很多社会问题恰恰是无利可图的领域。由于存在市场失灵，需要有其他机制来干预或弥补，以矫正其可能带来的后果。[①]

在市场失灵的情况下，政府通常会介入来填补这一空白，但也可能存在政府失灵。这并不是说政府无能，而是说政治的、结构性的和系统性的原因可能会阻止政府弥补市场失灵所造成的空白。原因之一就是，政府的本质要求它满足多数派的需求和要求。韦斯布罗德（Weisbrod）引入非营利组织"公共物品理论"，讨论了"需求异质性"和"中位选民"的概念。简单地说，需求异质性是指在多样化社会中，比如在美国，在关于政府应该提供什么商品和服务这个问题上缺乏普遍共识。不同的团体可能需要不同类型或不同数量的物品。[②]

布坎南（Buchanan）将政府失灵的表现形式归纳为以下几种：一是公共政策的低效率。公共政策本来是用来矫正市场失灵的重要手段，但是公共政策制定过程十分复杂，具有相当程度的不确定性，使得政府难以合理制定和有效实施公共政策，导致公共决策出现问题。二是政府机

---

① 张远凤，邓汉慧，徐军玲. 非营利组织管理：理论、制度与实务 ［M］. 北京：北京大学出版社，2016：37.

② 张远凤，邓汉慧，徐军玲. 非营利组织管理：理论、制度与实务 ［M］. 北京：北京大学出版社，2016：38.

构的低效率。由于政府机构具有天然的垄断性，缺乏降低成本的有效激励，政策执行过程中往往浪费公共资源。同时，公众由于信息不对称难以对政府进行有效监督。三是政府的寻租。政府机构或官员通过各种合法或非法的努力，建立垄断地位，获取高额垄断利润。寻租结果导致政府腐败和浪费社会资源。四是政府的自我膨胀，包括政府机构和雇员的增加以及行政开支的增长。①

韦斯布罗德用市场失灵和政府失灵来解释非营利部门的必要性，提出发挥志愿组织的功能来弥补市场机制和政府机制的不足。他将西方家的政府失灵归因于个人对公共产品的不同偏好与政府供给能力有限之间的矛盾。在任何政治单位中，由于个人在收入、财富、宗教、种族和教育等方面的差异，导致了其对公共产品的需求和偏好的不同。政府只是一个执行公共政策的机构，其提供任何公共产品的决定都是由政治决策过程通过投票做出的。投票结果往往反映"中位选民"的需求，一部分人对公共产品的过度需求得不到满足，另一部分人对公共产品的特殊需求也得不到满足。尤其是妇女、儿童、残疾人和赤贫者等弱势群体，他们最需要帮助，但在投票过程中他们的需求却很容易被忽视，因此导致了政府失灵。不过，韦斯布罗德的理论解释力有限，这个理论忽视了限制政府行动的非经济因素。现实中很多西方国家的政府都出台了对弱势群体提供经济援助和公共服务的政策。另外，这个理论也不能用来解释中国非营利组织的发展。②

（二）契约失灵

契约失灵（contract failure）是由信息不对称（information asymmetries）引起的，是市场失灵的表现形式之一。契约失灵理论首先是由美国学者汉斯曼（Henry B. Hansmann）提出来的。契约失灵是由于生产者和消费者之间存在信息不对称，生产者可能会利用信息优势欺骗消费者以谋求利润。③

现代经济学理论认为，在满足一定条件的情况下，可以消除信息不对称对消费者的不利影响，市场机制仍然能够实现资源有效配置。这些

---

①② 张远凤，邓汉慧，徐军玲. 非营利组织管理：理论、制度与实务 ［M］. 北京：北京大学出版社，2016：38.

③ 田凯. 国外非营利组织理论评述 ［J］. 中国行政管理，2003（6）：6-11.

条件包括：一是在购买之前，消费者能够对不同生产者的产品质量和价格做出精确比较；二是消费者能够与生产者就某一产品的质量和价格达成一致；三是消费者能够判断生产者是否遵守了达成的协议，如果没有，可以获得赔偿。在这些条件能够基本满足的情况下，市场机制是有效率的。①

然而，在很多情况下，这些条件难以满足。一种常见情况是产品或服务的性质太复杂，需要高度的专业知识才能做出判断。比如医疗保健服务领域，医生与病人之间就存在严重的信息不对称，病人难以评价医生的业务水平高低，也难以评价医生的医治行为是否恰当。另一种常见情况是为弱势群体提供的服务往往存在购买者与消费者分离。

比如，家长很难判断幼儿园的服务质量，子女很难判断养老院的服务质量，捐赠者很难判断慈善机构的服务质量。在这些情况下，由营利性机构来提供产品和服务很可能出现生产者欺骗消费者以获取不当利益的情况，甚至出现逆向选择，即由于更多消费者选择劣质品，而导致劣质品生产者在市场竞争中获胜的情况。这就是契约失灵，其结果是市场无序竞争，消费者蒙受福利损失。

由营利动机驱动的市场机制难以解决契约失灵的问题。汉斯曼认为，非营利组织由于受到非分配约束（non-distribution constraint），在提供服务时利用信息不对称侵害消费者利益的可能性比营利性企业要小得多。所谓"非分配约束"是指按照法律的规定，非营利组织不能把经营所获的利润分配给个人，包括理事会成员、管理人员或员工，而只能将资源用于与组织使命相关的活动。这是由非营利组织特殊的所有权安排和治理结构决定的。在西方国家，非营利组织没有所有者或股东，其财产归非营利组织所有。非营利组织的理事会不是由股东构成，而是由志愿者组成，理事会成员不享有剩余索取权，也不享有分红权。因此，从制度设计上来看，非营利组织是使命导向的，不是利润导向的，营利不是它们的目的，这是非营利组织与营利性组织的根本区别。非营利组织的"非分配约束"通过消除利润动机，对生产者机会主义行为

---

① 张远凤，邓汉慧，徐军玲. 非营利组织管理：理论、制度与实务［M］. 北京：北京大学出版社，2016：38.

提供了一种有力的制度约束。①

（三）志愿失灵

作为一种满足公共需求的机制，非营利部门在一定程度上克服市场失灵和政府失灵的同时，其自身也存在着局限性，即志愿失灵（voluntary failure）。萨拉蒙总结了志愿失灵的四种表现形式，即慈善不足、慈善特殊主义或陕隘性、慈善家长制和慈善业余性。

一是慈善不足，非营利组织提供的服务远远不能满足社会的需求。一般来说，非营利组织很难动员足够的资源提供大规模的服务。德鲁克曾经批评说："从捐赠总金额来看，目前美国非营利组织募集到的资金是 40 年前当我首次为它们工作时的很多倍，但其在国民生产总值中的比重仍然没变（2% ~ 3%）。我认为这是国家的耻辱，是实质性的失败。……在过去的 40 年中，休闲娱乐支出占 GNP 的比重比过去增加了一倍多，医疗支出占 GNP 的比重由过去的 2% 增加到 11%，教育支出尤其是专科和大学教育支出的比重增加了两倍，然而美国民众对于非营利组织的捐赠占 GNP 的比重却丝毫没有增加。"②

二是慈善特殊主义或狭隘性。非营利组织通常有自己特定的服务对象，如特定的族群、特定的宗教派别、特定区域的居民、特定的年龄或性别、特定疾病的患者群体等等。由于不同社会群体的组织能力和资源动员能力有强有弱，服务能力和服务水平在不同群体间就会呈现出很大差异。比如，中国非营利组织主要集中在教育、医疗救助等少数几个公众和媒体最为关注的领域，而忽视了其他群体的服务需求。其他领域和群体由于社会关注度不高，很难动员到所需的资源，非营利组织也就没有积极性去为其提供服务。③

三是慈善家长制。慈善家长制是指非营利组织可能让服务对象产生依赖性，难以培育受助者的自力更生意识。同时，掌握慈善资源、控制非营利组织决策权的人在为谁服务和提供何种服务方面拥有发言权，他们做决定既不必征求受益人的意见，也不必向公众负责。因此，富人偏

① 张远凤，邓汉慧，徐军玲. 非营利组织管理：理论、制度与实务 [M]. 北京：北京大学出版社，2016：39.

② 德鲁克. 非营利组织的管理 [M]. 吴振阳，等译. 北京：机械工业出版社，2009：2.

③ 张远凤，邓汉慧，徐军玲. 非营利组织管理：理论、制度与实务 [M]. 北京：北京大学出版社，2016：40.

好的服务（如博物馆、交响乐、芭蕾舞等文化艺术服务）往往得到优先考虑，而穷人渴望的基本服务却难以提上议事日程。①

四是慈善业余性。非营利组织使用了很多志愿者，志愿者往往不具备从事某项服务所需的专业知识。另外，很多小型的服务于最弱势群体的非营利组织往往得不到足够的资源，很难提供有竞争力的报酬来吸引专业人员。这些情况都影响到非营利组织的服务水平和服务质量。②

四、从民营化到新治理理论

政府失灵、市场失灵和志愿失灵理论都隐含了一种"冲突范式"，假设非营利组织与国家和市场之间是相互独立、相互冲突、相互竞争和相互替代的关系，似乎非营利部门只是政府和市场局限性的衍生物，是国家不能满足公众多样化和差异化需求的副产品。然而，"冲突范式"只是描述了国家与非营利组织关系的一个方面，而忽略了它们之间相互合作、相互依赖的关系。在很多情况下，国家与市场和非营利组织建立了紧密的合作关系来解决公共问题，政府福利开支和非营利部门的规模与范围之间呈现显著正相关的关系。比如说，在一些西方国家，由于意识形态或者其他原因，公众对国家权力的扩张抱有警惕和抵制的态度，而在另外一些国家，政府需要非营利组织的帮助来加强其角色和权力。在这些情况下，国家有可能与非营利组织建立合作关系，通过合作发挥各自的优势，避免出现失灵状况。③

自 20 世纪 60 年代以来，很多理论试图描述和阐释政府、市场和非营利部门之间的合作关系。首先出现的是民营化和新公共管理理论，然后是公私伙伴关系（public-private partnership，PPP）理论，最近是第三方政府（third-party government）和新治理（new governance）理论。

民营化作为新公共管理的一个基本概念，最早是由美国管理学家彼得·德鲁克于 1969 年在其著作《断层时代》（*Age of Discontinuity*）中

---

①② 张远凤，邓汉慧，徐军玲. 非营利组织管理：理论、制度与实务［M］. 北京：北京大学出版社，2016：40.

③ 张远凤，邓汉慧，徐军玲. 非营利组织管理：理论、制度与实务［M］. 北京：北京大学出版社，2016：41.

提出的。自 20 世纪 70 年代以来，各国在公共管理领域的改革实践已经远远超出了民营化概念所包含的范围，因而在 90 年代逐渐为公私伙伴关系概念所取代。①

进入 21 世纪以来，更进一步发展为"第三方政府"和公私伙伴关系理论。民营化理论认为，依靠私人部门提供公共服务比依靠公共机构更能满足公共利益，"有效政府的关键"就是"民营化"——缩小公共部门的规模，将责任转给私人部门。再造学派和"新公共管理"学派的主张异曲同工。对这些理论来说，合同外包和其他形式的间接政府不仅本身有效，而且还可以通过与公共管理者的竞争迫使他们改善内部管理。然而，这些处方中隐藏着一个内在冲突：在要求政府为其行动结果承担更多责任的同时，却又要求政府将达成结果所需的职权让渡给第三方执行者。②

"第三方政府"理论从"第三方"的角度描述了同样的现实。自从西方国家为了克服福利国家危机，开始民营化改革以来，政府逐渐从直接提供产品或服务，转变为通过市场和非营利部门来提供服务。政府高度依赖各种各样的"第三方"——商业银行、企业、私人医院、社会服务机构、大学、日托中心、其他各级政府——来提供服务，政府为这些服务提供资金并进行规制。其结果是形成了一个复杂的第三方政府系统。政府采取的手段令人眼花缭乱，如贷款、贷款担保、拨款、合同、社会规制、经济规制、保险、税式支出、凭券等等。在某种程度上，"公共行政问题"已经超出了公共机构的范围，各种"第三方"紧密地参与到公共事务的执行和管理当中。萨拉蒙说，普遍存在的政府支持非营利机构的模式，是第三方治理模式的表现，它反映的是根深蒂固的美国治理传统以及对服务成本和质量的关注。与传统的等级制的官僚机构不同，第三方治理的概念强调了公共与私人机构之间的责任共享，以及公共部门与私人作用的混合，成为美国福利国家的特点。以美国亚利桑那州图森市的心理健康服务系统为例。这个系统由联邦政府和州政府的

---

① 张远凤，邓汉慧，徐军玲. 非营利组织管理：理论、制度与实务［M］. 北京：北京大学出版社，2016：41.
② 张远凤，邓汉慧，徐军玲. 非营利组织管理：理论、制度与实务［M］. 北京：北京大学出版社，2016：42.

多个项目提供资助。然而，却没有一位联邦或州政府的官员直接接触过精神病患者。实际上，也没有一位联邦或州政府的官员直接接触过为这些精神病患者提供服务的地方政府官员或私人医疗机构的雇员。亚利桑那州不仅将精神健康服务外包出去了，而且把外包工作本身也外包出去了。亚利桑那州政府是这么做的：它先与某个非营利机构签订一个"主合同"，然后，该机构又将这些服务转包给多家提供心理健康服务的非营利机构。在英国，布莱尔政府时期就在内阁设立了第三部门办公室，致力于促进政府、企业与公民社会建立合作伙伴关系。①

比"第三方政府"更流行的概念是公私伙伴关系。这个概念在20世纪90年代提出来以后，得到广泛应用，使得它具有了多种含义。通常情况下，公私伙伴关系是指公共部门与私人部门在基础设施建设中通过正式协议建立起来的一种长期合作伙伴关系，包括BOT、BT和PFI等方式。萨瓦斯和萨拉蒙扩大了公私伙伴关系的概念，将其视为民营化的替代物，看作一种新的公共服务供给机制，包含了介于完全由政府提供和完全由私人部门提供之间的所有公共服务提供安排形式，如合同外包、凭单制、补贴和特许经营等等。在更广泛的意义上，公私伙伴关系还是一种公共事务的治理方式，不仅包括公共服务生产和提供方面的公私合作，更重要的是，它还是一种公共决策机制，在公共政策领域发挥着重要作用。②

总的来说，在政府大规模为公民提供福利之前，非营利组织是社会服务的主要提供者。但在工业化社会里，面对市场失灵带来的大量严重社会问题，非营利机制无力应对，政府不得不大举介入公共服务领域。然而，在市场与政府双双失灵的情况下，世界各国不得不把眼光重新投向非营利组织，希望通过政府、市场与非营利部门的密切合作来共同解决面临的各种复杂问题。③

---

① 张远凤，邓汉慧，徐军玲. 非营利组织管理：理论、制度与实务 [M]. 北京：北京大学出版社，2016：43.

②③ 张远凤，邓汉慧，徐军玲. 非营利组织管理：理论、制度与实务 [M]. 北京：北京大学出版社，2016：42.

五、自利和利他动机理论

人们抱着各种各样的动机从事非营利活动，归纳起来大概有三类：第一类是自利动机，主要以非营利活动为个人或团体谋取私利，包括经济利益和非经济利益，如地位、荣誉、权力等等。第二类是纯粹利他主义动机。第三类是混合动机，既有利他主义（altruism）成分，又期望获得某种回报，比如以非营利活动为手段推广价值观和信仰。①

尽管存在非分配约束，但仍有一些人从事非营利活动，其主要动机是获取经济和社会利益。非分配约束只是规定不得分配盈余，但是并未限制从成本项目开支的工资和福利。一些非营利组织的管理人员给自己支付高于市场价格的工资，为自己提供丰厚的福利和退休金等情况并不鲜见。另外，非分配约束只是约束人们的逐利动机，并没有约束人们谋取非经济形式的好处。比如，个人可以通过参与非营利活动、担任非营利组织的理事等方式获得社会地位、名誉和权力等好处；企业通过参与非营利组织活动建立企业形象和维护公共关系，甚至是软性广告。②

宗教团体在世界各国都是非营利活动的有力支持者，它们具有强烈的利他主义色彩，但更重要的也许是为了同其他教派或世俗势力展开竞争。比如，20世纪初期，当公立大学在南美国家出现时，天主教会随即做出反应，建立了一批教会大学。在一定意义上，可以说，宗教团体进行非营利活动的目的不是利润最大化，而是信徒数量最大化或宗教信仰最大化。这也解释了为什么教会建立的非营利组织集中于教育和医疗卫生领域。选择教育是因为学校是传播信仰最有效的机构。选择医疗卫生是因为人在生病时最软弱，最容易对施以援手者心生感激。今天，宗教背景的非营利组织（faith-based organization，FBO）仍然是西方国家非营利部门的重要组成部分。③

萨拉蒙的社会起源理论（social origins theory）也对此做出了解释。

---

① 王绍光. 多元与统一：第三部门国际比较研究［M］. 杭州：浙江人民出版社，1999：41.

②③ 张远凤，邓汉慧，徐军玲. 非营利组织管理：理论、制度与实务［M］. 北京：北京大学出版社，2016：45.

某项服务是由市场、政府还是非营利组织提供，并不是像经济学理论所假设的那样是由消费者在开放市场中自由做出的选择，而是受到历史形成的供给模式的强烈影响。这种制度选择的动态过程受到复杂的社会因素的影响，而不是某种因素线性变化的结果。非营利机制作为不同于政府和市场的供给机制，反映了权力在社会各阶层、国家与社会乃至国家与国家之间的博弈。比如说，在欧洲，非营利组织与教会有着很深的渊源。非营利组织在教会和世俗政权之间的挣扎充斥着欧洲历史，从宗教改革和启蒙时期一直到 20 世纪。在教会当局与公民政权（civil authorities）达成和解的地方，比如说俾斯麦时期的德国，志愿组织就能够扮演更为重要的角色，即便是在国家福利扩张的情况下。与此相反，在教会当局屈服于世俗政权的国家，如瑞典、意大利和法国，尤其是在法国，教会背景的福利机构往往被国家所吸纳，志愿机构在提供服务中扮演的角色要小得多。①

当然，除了宗教信仰和意识形态的原因之外，也有一些人抱着一般意义上的纯粹的利他主义价值观。真正的利他主义者是那些认为自己有义务为慈善事业和公益事业做出贡献的人。对于这些人而言，其他人生活状况的改善使他们感到真正的快乐。②

第二节　风险理论

一、风险的概念

在人类社会早期，处于萌芽状态的风险概念是以"命运、运气"等形式存在的。随着人类实践活动范围与深度的不断拓展，风险概念一次又一次地获得了与时俱进的社会内涵。现代性风险是一种全球性的、高度复杂化的、潜在的、难以预知的风险。"风险"是本书所要研究的一个核心概念。③

---

①② 张远凤，邓汉慧，徐军玲. 非营利组织管理：理论、制度与实务［M］. 北京：北京大学出版社，2016：46.

③ 杨海. 风险社会：批判与超越［M］. 北京：人民出版社，2017：23.

（一）现代性中的风险

14 世纪的风险概念已经蕴含着现代性的意蕴。因为这个时候的风险已经完全有别于诸如地震、海啸等纯粹自然灾害的风险，它与人的认识与实践活动有着千丝万缕的联系。风险概念的产生与风险的制度化过程凸显了启蒙运动所弘扬的理性精神和人的主体意识——这充分体现了现代性的精神元素。①

何为现代性？贝克认为，现代性不仅仅是指资本主义（马克思）、合理性（韦伯）、功能差异（帕森斯与卢曼），还包括政治自由、市民身份以及市民社会的动力。贝克的这些观点似乎有些重合。根据马克思的观点，现代性就是资本主义，资本主义已经渗透到现代性的所有社会活动当中。关于政治自由、市民身份以及市民社会的动力等都能在资本主义这一概念与活动中找到它们的社会根源。②

"现代性是指一个传统意义上的确定的世界正在毁灭，并正在被一种经合法批准的个人主义全盘替代——如果我们幸运的话。"它是指在后封建的欧洲建立的而在 20 世纪日益成为具有世界历史性影响的行为制度与模式。在思维方式、经济运作、政治诉求和社会生活等一系列制度性维度上，现代性代表了迄今为止人类社会演进中的一次最深刻的、全方位的社会断裂。③

社会科学家们对现代性的关注必然会引起他们对这一语境中的风险问题的关注。马克思指出，资本主义生产方式会制造出各种不稳定性和悲剧，与城市化和带有危险性的机器化生产相伴随，工业革命将会带来新的风险。诚然，资本主义生产方式除了其固有的基本矛盾会导致社会风险以外，资本主义发展进程中的城镇化、工业化以及现代化都是引致社会不稳定的因素，从而使资本主义社会深陷风险窘境。因此，资本主义对风险与危机问题应负有重大的社会历史性责任。例如，"一方面，如果说资本在由货币转化为生产条件并从处于静止状态中的资本的形式转入生产过程时，会遭受生产过程的风险，遭受自己的失败——这是任何生产过程都会遭受的风险，而不管这个过程具有何种社会形式——那么，它现在要遭受商品第二次转化为货币的风险，遭受包含在商品使用价值中的价值转化为这同一价值的货币形式的风险，这是任何商品生产

①②③ 杨海. 风险社会：批判与超越［M］. 北京：人民出版社，2017：26.

都会遭受的风险，而不管它是不是资本主义商品生产"。社会理论家涂尔干（Durkheim）则注意到由于生产力的过度发展而导致道德规范的崩溃，并进而促使社会解体的危险；韦伯（Weber）主要分析了与科层组织的成长相关联的风险；其他学者如爱华德（Ewald）、卢普顿（Lupton）等也对现代性风险问题阐述了各自的观点。①

风险社会理论家乌尔里希·贝克以"反思现代化"为主轴对风险概念做出了较为深入的考察。贝克认为："风险是个指明自然终结和传统终结的概念。或者换句话说，在自然和传统失去他们的无限效力并依赖于人的决定的地方，才谈得上风险。"在超验的"上帝之城"消失和宗教被"祛魅"之后，而自然和传统尚未终结以前，自然相对于人类而言标示着一种决定性的必然性，这时期的传统则成为现存秩序的"规律性"论证的依据。然而，风险社会的风险是一种现代方式：通过这种方式可以预测与控制人类行为的未来后果。这种"不明的和无法预料的后果成为历史和社会的主宰力量"。人们以各种各样的方式应对人类文明的风险，"以便使自己的决定将会造成的不可预见的后果具备可预见性……通过有意采取的预防性行动以及相应的制度化的措施战胜种种（发展带来的）副作用"。贝克从社会整体出发，通过反思现代化，使风险与发展的副作用相勾连起来，阐发了风险的现代性含义。②

就风险社会而言，风险的定义问题又将会有何新的特征？贝克认为，风险的界定受制于多方权力的相互博弈。贝克在《世界风险社会》一书中指出，随着两极世界格局的消退，人类正在从一个敌对的世界向一个危机与风险的世界迈进。也就是说，两极格局世界的风险已经被现代性风险所取代了。政治与亚政治在世界风险社会的风险定义中开始发挥自己独特的功能与作用——风险通过政治动员凝聚社会力量而掩盖或取代了诸如阶级、种族和性别相联系的不平等之类的变量。然而，事实上这种不平等的社会掩盖并没有消除社会不平等，相反，在一定意义上，它还加剧了社会不公正现象。风险的新的权力博弈（power game）和它的原标准（meta-norm）得到了强化，即在一个人为的不确定的时代由谁来定义风险，依据什么来定义一种技术的风险？风险社会呼吁对

---

① 杨海. 风险社会：批判与超越［M］. 北京：人民出版社，2017：26.
② 杨海. 风险社会：批判与超越［M］. 北京：人民出版社，2017：27.

"定义关系（relations of definition）"即风险冲突隐含的权力结构进行制度上的改革。也就是说，"风险到底是谁制造的"这一问题开始被社会各方力量所关注。因为这一风险定义将决定着如何治理现代性风险问题。因此，只有国家、私有公司和各门学科开放它的决策过程，才能建构一个更好的、发达的以供讨论和判断支撑风险冲突价值中极为重要问题的公共领域（public sphere），不偏不倚的风险定义将直接关乎风险社会治理的有效实现。这样，风险定义的公正性才能被确立起来。①

与贝克一样，吉登斯亦通过反思现代化对风险进行了界定。吉登斯认为，风险是人们在自觉把握行动的过程中对未来诸多不测的不确定性情形所做出的一种认识和抉择。风险中的许多或然性的情形其根源并非是上帝、大自然，而是人类自身。"风险暗示着一个企图主动与它的过去亦即现代工业文明的主要特征进行决裂的社会。"风险概念是人们认识到未能按照自己的预期目标实现的后果的制造者恰恰就是我们人类自己的行动和决定。②

（二）马克思主义风险观

马克思认为，风险是专属于人的，有了人类才有风险可言。风险的属人原则告诉我们：在人类诞生以前，那些纯粹的自然的运动对于自然界本身来说并不构成风险，如高山夷为平地的地壳运动等。如果离开人来谈风险，就势必会偏离历史唯物主义的立场、观点与方法。唯物史观的"前提是人，但不是某种处在幻想的与世隔绝、离群索居状态的人，而是处在一定条件下进行的、现实的、可以通过经验观察到的发展过程中的人"。风险的属人性表征了风险存在于人与特定对象所建构的关系之中，它并非实体性的存在。这种特定对象与人之间的关系并不同于它与动物之间的关系。"动物不对什么东西发生'关系'，而且根本没有'关系'。对于动物来说，它对他物的关系不是作为关系存在的。"由于世界是普遍联系的整体，而人又是处于这样与那样千丝万缕联系的网格社会关系之中，人与世界的联系无时不在、无时不有。因此，一旦这种联系（关系）发生，风险就"闪亮登场"。世界的普遍联系特征引起了风险的普遍性存在。当然，每个个体所遭遇的风险又是不同的。因为每

---

① 杨海. 风险社会：批判与超越 [M]. 北京：人民出版社，2017：28.
② 吉登斯. 失控的世界 [M]. 周红云，译. 南昌：江西人民出版社，2001：18.

个人所处的社会物质环境和所面对的社会历史条件并不相同，而且也不可能完全一样。这就决定了在人的实践活动基础上产生的需要也是不同的，于是，不同的人所面对的风险也就不可能相同。当然，并不是所有的关系状态都会产生风险，只有对人的生存和发展构成一种损害性关系时才谈得上风险。这种关系的实质就是一种价值关系。因为这种关系隐含着某种特定对象是否对特定的人（主体）造成损害关系的判定。①

这种价值关系是一种可能——现实之间的一种关系判断。正如贝克在《世界风险社会》一书中所说，（世界）风险（社会）意味着"既非毁坏也非信任（安全），而是真实的事实"。也就是说，能在向现实层面的转化中将路向何方？（毁坏安全），则取决于人们对风险的认知与实践的应对。因此，风险（依旧）与事实相反，它暗示着："一种具有威胁性的未来变成了影响当前行为的参数"；它暗示着："知识，潜在的影响和有症状的后果间的差异。"当代风险来源于现代性的后果，即工业革命以来技术发展的副作用等多种元素作用的影响。风险扩张的社会化效应与风险后果的社会性损失，使人类付出了惨痛的代价。这一代价的付出咎由于人们一直信仰的"知识＝力量""理性控制一切"的人类中心主义的价值理念。这一理念伴随着当代风险也是人类的自我意识从"自卑意识"向"自信意识"的转变。因此，现代风险与人之间的价值关系——现代风险对人类将可能带来的损失性后果是史无前例的——比以往的风险所体现出来的价值关系更为紧张。马克思的风险观——风险是一种价值判断——正在呼吁我们必须树立整体性观念，动态地考察与人相关的风险关系，以趋利避害。②

二、风险的基本特征

马克思主义哲学认为，客观性是指某一事物的存在不以人们的意志为转移，它在我们的感觉之外，并不依赖于我们的感觉而存在。当代风险的存在是客观的，即风险的存在与否并不以我们主观感觉的判断为依据，也不受制于我们的感觉。正如马克思所说："只要作为原子和现象

---

① 杨海. 风险社会：批判与超越［M］. 北京：人民出版社，2017：29.
② 杨海. 风险社会：批判与超越［M］. 北京：人民出版社，2017：30.

的自然表示的是个别的自我意识和它的矛盾，自我意识的主观性就只能以物质自身的形式出现；相反，当主观性成为独立的东西时，自我意识就在自身中反映自身，以它特有的形态作为独立的形式同物质相对立。"①

当代西方著名学者贝克、吉登斯、阿赫特贝格等人在关于风险客观性的判断中坚持唯物主义立场。他们认为，当代风险是自工业社会以来人类自身行为所带来的后果，风险的存在并不是空穴来风，而是不依赖于人类的意识而客观存在的。乌尔里希·贝克将西方后现代社会的对立物诠释为风险社会。贝克对风险的客观性的阐述主要集中在"有组织地不负责任"与风险的非即时性这两个点上。他认为，在西方社会，人类面临着威胁其生存的风险，这种风险是由人制造的。人们身处于一种充斥着"有组织地不负责任"的社会。正是因为这种"有组织地不负责任"的存在，那些风险真正的制造者们却"坚称"风险社会并未到来，极力掩盖风险客观存在的真相，以便逃避"风险制造者"应负的历史责任。除了"有组织则从风险社会的风险是现代性的必然产物"这一视域指明了风险的不被拒绝性，他认为："风险社会不是一种可以选择或拒绝的选择，它产生于不考虑其后果的自发性现代化的、势不可当的运动中。因此，当代风险社会学家贝克、吉登斯以及阿赫特贝格都认为风险是客观的，尽管他们对风险客观性的分析视角各有不同，对风险客观性的表述各有特色。"②

风险是一种价值关系判断，也就是说，风险不是对价值关系的某一方的评价（客体或主体的利益需要），而是对客体与主体之间的这种关系的裁定，无论是风险的客体、风险的主体需要以及客体与主体需要的这种关系都是客观的。

什么是主体？马克思指出："谢林则仍然把绝对看作绝对主体，因为它的内容虽然充满客观性，但毕竟是主体，不会成为客体，也就是说，对他说来，绝对只有以人格化的上帝这一表象出现时才是实在的。"显然，谢林的主体概念并不是马克思主义哲学中的主体范畴。马克思主义哲学认为，主体是具有实践活动能力的人。主体、主体性以及主观性是既相互区别又相互统一的哲学概念。风险的主体性与风险的主观性相

---

①②　杨海. 风险社会：批判与超越［M］. 北京：人民出版社，2017：35.

联系但并不等于风险的主观性，它是对人这个主体的活动的确认，主要表现在以下四个方面：风险的（主体）人为性；风险不被主体所感知；风险的主体意识形态色彩以及风险的主体可接受性。[①]

（一）风险的（主体）人为性

风险社会的风险与传统风险不同，它是实利性工业文明扩张后，使得传统社会的"外部风险"越来越打上人类实践活动的烙印，最终呈现出极大的破坏性。当代社会任何风险都是实践过程中的风险。实践本身就是"创造性破坏的过程"。实践二重性问题随着实践范围与规模的扩大、程度的加深、生活方式的改变而日益显现。正如吉登斯所说："我们生活在这样的一个社会里，危险更多地来自于我们自己而不是来源于外界。"当代风险社会的风险由人制造出来但又非存于实体本身。"我们全都不由分说地卷入一场宏大的实验，这场实验是由我们自己进行的，同时又在很大程度上超越了我们的控制。"人为不确定性意味着风险、更多知识、更多无知的大杂烩，也意味着一种新型风险。[②]

（二）风险不被主体所感知

贝克指出，在19世纪，掉到泰晤士河里的水手不是溺水而亡，而是吸进伦敦下水道恶臭且有毒的水汽窒息而死。走过一条中世纪城市的狭窄街道，鼻子犹如遭受夹道的鞭挞。巴黎社会"有组织的便秘使整个巴黎有陷入一种溃烂过程的危险"。（Corbin，1984）在那个年代，刺激着人的鼻子和眼睛的危险是明确的、可以被感受到的。然而，当代风险社会的风险是一种"文明"的风险，是一种不被感知的风险，只是出现在物理和化学的方程式中的风险。现代风险指的就是那些完全逃脱人类感知能力的放射性、空气、水、食物中的毒素和污染物。这种不可见的风险常常引致系统的、不可逆的伤害。风险的不被感知性反映了身处风险社会中的主体（人）的"两难窘境"。[③]

（三）风险带有主体意识形态色彩

在不同意识形态的国家，人们对风险的认知、评价、处置的态度各有千秋。资本主义与社会主义国家主体在风险问题上的差异源于并反映着他们的政治立场所决定的意识形态的特质。现代风险往往很难觉察或管理，其根源就在于这些风险深深地植根于一个价值的网络社会，这种

---

①②③ 杨海. 风险社会：批判与超越 ［M］. 北京：人民出版社，2017：38.

价值要么诋毁了风险的不良后果，要么以相关联的利益换取这种风险的不良后果的社会可接受性。由于电视网络背后的政治权力而使得美国言论自由要比预防反社会行为来得更重要的观点而被搁浅了。美国人还认为，携带武器是最不可被剥夺的权利之一；失业是个人的失败而不是资本主义经济制度的失败。与之相反，社会主义国家将通过制订社会计划来纠正经济中的结构性不完善，并确保为这些不完善的"受害者"提供最基本的生活保障。[①]

（四）风险的主体可接受性

"风险的可接受性"（risk acceptability）这一术语常常会让人们产生这样一种误会：社会是有意地接受风险，并将其视为获得某种利益的合理代价。诚然，一些活动的风险常常与收益交织在一起而难舍难分。劳伦斯认为："如果某一事物所附带的风险是可接受的，那么这一事物就是安全的。"即只要某种风险还能被进一步降低，那么该风险就是不可接受的。如今，市场经济、政治力量之间的博弈对风险的可接受性产生了一定的不良引导作用。风险被强加在不完全知情的风险承担者身上。对于风险承担主体而言，不是接受而是无奈地容忍、默许。因此，关于风险的争论应该从对风险管理制度的胜任度和可信度转向对风险实际水平的争论才显得更有价值与意义。[②]

三、风险的历史性

风险的历史性表明，在人类不同的社会历史阶段，风险的表现形态与社会生产力的发展、科技的进步一起而呈现出历史性变迁的趋势。随着人类生活与实践活动的日益深化，风险在规模、程度、类型与应对方式等方面发生了深刻的变革。与此同时，"人们的风险意识观念也在一定意义上反映了特定历史条件下人的生存发展状态和自我意识水平"。[③]

人类早期的风险表现形态是以"运气""命运"等带有机缘、偶然性的语词而存在于人类的生产生活实践中的。那个时候，风险还处于萌芽状态，但不排除人类开始有了风险的朦胧意识。由于这一时期的社会

---

① ② 杨海. 风险社会：批判与超越 [M]. 北京：人民出版社，2017：39.
③ 刘岩. 风险社会理论新探 [M]. 北京：中国社会科学出版社，2008：47.

生产力极度低下，人们把这一时期的自然风险看作是强大自然力与自然神灵的安排，人们开始了图腾崇拜而寻求自然神灵的保佑。同时，人们也并没有放弃向自然界进军改变其生存困境的冒险和探险活动，人类如此掀开了"人化自然"历史的新篇章。当人类进入农业社会以后，人类定居式的"合力效应"与"规模效应"取得了局部性的对自然的"胜利"，但这种局部的"胜利"是以局部的、外部性的自然风险如生态风险为代价的；私有制与阶级的出现，集团化、军事化的暴力形式与小规模的战争相互交织，使人类面临着人为的、局部损害的人类冲突风险，人们秉持着"今天是昨天，一切不会变"的价值理念来指导自己规避农业文明时期的风险。①

文艺复兴和启蒙运动以来，随着科技进步与工业实践活动的深入，生态风险、科技风险、核风险、基因风险以及生化风险等在全球范围内迅速蔓延。在全球风险社会中，好运的分配与厄运的分配紧密相连，"风险计算"的基础被全球风险暗中破坏，全球金融风险的"社会爆炸"引致了一种暗中削弱科层制的挑战，"责任全球化"成为一个世界性问题。②

在全球化背景下，网络世界系统风险成为风险社会中的复合式、崭新的风险。国际网络特质的立即效应——在美国渐渐成名的"畸形时髦"（geek chic）不仅扩大了贫富差距，还使得少数既得利益者与众多无缘享受国际网络的失利者之间的差距更加悬殊。网络世界系统使灾难发生的概率增加，网络世界系统中的无限制的成长与冲击的扩大效应更加难以监管。国际商业网络的发达因减少面对面的接触机会而导致较高的社会失业率以及作为国际网络的另一个代价的隐私权的沦陷亦不容忽视。③

当代福利国家也正在遭遇着一些"新风险"的挑战。如大多数妇女转而从事有薪酬的工作，而男人养家的比例呈下降趋势，这样，妇女们强烈要求受教育和独立就业的平等可能导致的风险，在较低层次的熟练女工中平衡工作和家庭关系的新风险日益尖锐；老龄化社会引致的社会照顾、养老金与保健服务的成本的风险；劳动市场的变化加强了教育

---

① 杨海. 风险社会：批判与超越［M］. 北京：人民出版社，2017：40.
②③ 杨海. 风险社会：批判与超越［M］. 北京：人民出版社，2017：41.

程度与就业之间的联系，反过来又影响到受教育程度低的人群有被社会排斥的风险；私营服务业的扩张产生的新风险等。①

哲学应该是一种与时俱进的学科。这种与时俱进的理论品格主要表现在通过清算、批判与超越自己以前的片面的、不合时宜的甚至是错误的思想观念与思维方式，从而推动哲学走向自我完善、自我发展。恩格斯指出，随着实践和科学的发展，唯物主义会不断改变自己的形式。马克思主义哲学是与时俱进的，这种与时俱进是奠基于人类实践活动的理论品格。每当人类实践水平向前迈进一步，人的思想观念、思维方式也随之向深度发展一步。从风险的历史性视域上说，风险随着历史的发展在花样翻新地涌现，人们对风险治理的实践水平也在不断地提高。因此，风险的历史性表明，风险的变迁并未止步于今天。随着时代的发展、科技的进步，人的思维方式的深刻革命，风险将绝不落伍于社会新潮流，有时甚至走在社会发展的前列——风险的变迁同社会的发展之间表现出严重的不平衡性的特点。②

四、风险的多维性

在现代资本主义社会，各个不同利益集团或主体为了保护自己而站在各自的立场定义风险，从而使风险定义呈现出多维性特征。一种危险的产品有可能通过夸大其他产品的风险而为自己辩护，并通过这种方式去规避可能影响他们自己因制造了风险而应承担的社会责任，为自己所造成的社会后果腾出一块地盘开始"蜷缩"起来。身处公众声讨中心地带的风险制造者们，会竭尽全力地试图提出其他的原因和祸根以反驳对他们的指控。一旦某个利益集团"掌握着界定风险的权力的大众媒体、科学和法律等专业，拥有关键的社会和政治地位"，风险就有可能被随意地杜撰、修改、界定和重构——风险被改变、夸大、转化抑或削减，一切皆有可能。在风险社会，不同的人群在论证能力、获得合法性的证明以及将风险转嫁给其他群体以保证自己不受潜在风险所侵袭等方面会显示出较大差异。③

---

① 杨海. 风险社会：批判与超越［M］. 北京：人民出版社，2017：41.
②③ 杨海. 风险社会：批判与超越［M］. 北京：人民出版社，2017：42.

风险的多维性还体现在以下一些方面：按照不同的标准可以将风险划分为直接风险与间接风险、内部风险与外部风险、局域风险与全球风险、自然风险与社会风险、传统风险与现代风险等。风险是必然与偶然、绝对与相对、现实与潜能、量变与质变、原因与结果、确定性与不确定性的统一。风险的连锁反应性是指以经济、政治、文化、生态、伦理、社会等各种风险中的任何一种风险为起点都将引致其他一系列风险的"涟漪效应"。例如，经济风险有可能会导致政治与社会的意义，生态风险也会导致经济、政治和社会的意义。①

---

① 杨海. 风险社会：批判与超越［M］. 北京：人民出版社，2017：43.

第三章　民办义务教育的历史回顾

第一节　民办义务教育的发展阶段

一、初步发展：改革开放初期的民办义务教育

　　1982 年 12 月，第五届全国人民代表大会常务委员会第五次会议通过并公布施行的《中华人民共和国宪法》第十九条规定："国家鼓励集体经济组织，国家企业事业组织和其他社会力量依照法律规定举办各种教育事业。"第一次对国家鼓励社会力量办学做出原则规定，为以后社会力量办学的发展奠定了基本的法律基础。[①]

　　社会力量举办的基础教育在《中共中央关于教育体制改革的决定》和《中华人民共和国义务教育法》关于鼓励和指导社会力量举办基础教育的政策法规的正确引导与积极鼓励下，得到健康、持续的发展。短短几年内，社会力量举办的基础教育学校数较快增加，办学水平逐步提高，形成一定规模，有些还办出了自己的特色。到 1991 年，社会力量举办的小学发展到 655 所，在校学生 2.65 万人；中学发展到 544 所，在校学生 8.86 万人。[②]

　　这一阶段，社会力量举办的基础教育有以下几个主要特点。

　　第一，办学主体多元化。归纳起来有公民个人办学、若干人合办、企业办学、事业单位办学、社团办学、公办学校改制等。其中公民个人办学最多，约占社会力量办学总校数的 40% 以上，企业、事业单位、社团办学的学校数量各占 9% 左右，公办学校改制学校数量约占 3%。

---

　　① 何东昌. 中华人民共和国教育史：下卷［M］. 海口：海南出版社，2007：639.
　　②《中国教育年鉴》编辑部. 中国教育年鉴（1994）［M］. 北京：人民教育出版社，1995：169.

办学主体多元化带来了投资主体的多元化和产权所有制多元化。比如有：政府资助，国营或非全民所有制企业投资，社团资助，侨胞和港澳台同胞投资与捐赠，公民个人出资，社会募集资金以及这些资金的组合。

办学主体多元化形成了办学模式的多样化，主要有：民办公助型，公办民助型，"教育储备金"型，社会集资型，公立"转制"型等。①

第二，扩大了办学自主权。办学自主权是社会力量办学区别于政府办学的最大特点。学校在自觉遵守国家法律、法规，贯彻执行国家教育方针，接受政府监督管理的前提下，有权自行招聘教职员工，有权制订教职工工资的分配原则，有权管理和使用本单位的经费与设施，有权自行招生并颁发相应的学业证书，还可以在完成国家规定的课程计划和教学大纲的前提下，在教学内容、教学方法、课外活动等方面发挥自主性。②

第三，发展不平衡。由于我国区域经济发展不平衡，导致了社会力量举办的基础教育呈现出明显的地区差异。从办学条件看，东部地区的设施和条件普遍较好，其中还有一部分标准高、要求高、收费高的学校，这类学校多为企业参与或引进境外投资的学校；西部地区的办学条件则相对比较差。从办学水平看，由于师资来源和生源的条件不同，办学的水平差距悬殊，城乡之间、学校之间已经拉开了差距。从办学层次分布看，东部地区和中心城市举办的基础教育结构层次比较齐全，中部地区和中小城市则以办初中较多，西部地区和农村基本上是小学层次。城市中社会力量举办的中小学力求办成名、特、优质学校，主要满足部分学生择校需要。农村的民办中小学一般办学条件较差，但却补充了农村义务教育学校的不足。③

第四，总体规模较小。1991年社会力量举办中学数量占全国中学数量的比重只有0.63%，在校生所占比重只有0.056%；小学数量所占比重仅为0.09%，在校生所占比重仅有0.02%。社会力量举办中小学的规模仅分别为社会力量举办的职业学校、高等学校所占比重的几分之一和十几分之一。由于规模小，因而在整个中小学教育事业改革和发展

①② 何东昌. 中华人民共和国教育史：下卷［M］. 海口：海南出版社，2007：947.

③ 何东昌. 中华人民共和国教育史：下卷［M］. 海口：海南出版社，2007：948.

中所起的作用受到一定的局限。[①]

社会力量举办基础教育在一定程度上弥补了政府办学经费的不足，给社会提供了多样化的教育选择，对教育体制改革和教学改革起到了一定的促进作用。

二、快速发展：民办教育发展进入快车道

1992 年以后，我国的社会主义现代化建设进入了一个新的快速发展时期，国家对社会力量办学的政策发生了积极的变化，形成了关于"办学体制"的总体构想，明确提出："为满足社会日益增长的需求，要逐步建立以政府办学为主的社会各界共同办学体制。"对社会力量办学采取"积极鼓励、大力支持、正确引导、加强管理"的方针，社会力量举办的基础教育得到了空前的大发展。

1993 年《中国教育改革和发展纲要》的颁布，标志着民办基础教育进入快速成长时期。这一阶段，国家大力鼓励多渠道、多形式的集资办学和民间办学，政策利好、监管宽松的环境为民办基础教育发展提供了沃土。20 世纪 90 年代，全国民办中小学的数量几乎以一年翻一番的高速度递增，呈现出超常规发展的势头。教育统计数据显示，1994 年至 2003 年，民办小学在校生数从 203 621 人增至 2 749 341 人，增幅为 1 250.22%；专任教师数从 12 255 人增至 117 239 人，增幅为 856.66%。[②]

《中国教育改革和发展纲要》指出，"改变政府包揽办学的格局，逐步建立以政府办学为主体、社会各界共同办学的体制""国家对社会团体和公民个人依法办学，采取积极鼓励、大力支持、正确引导、加强管理的方针"。社会各界对社会力量办学也非常关注，当时的人大、政协会议上关于社会力量办学一共提了 30 多件提案。1995 年，国家教委召开了全国普通高中教育工作会议，提出要拓宽办学渠道，改变目前政府办学的单一体制，逐步建立以地方政府办学为主，社会各界共同办学

①　何东昌. 中华人民共和国教育史：下卷 [M]. 海口：海南出版社，2007：948.
②　周海涛，等. 中国教育改革开放 40 年：民办教育卷 [M]. 北京：北京师范大学出版社，2019：28.

的体制。支持和鼓励社会团体、公民个人按照国家法律和政策举办普通高中，也可以实行"公办民助""民办公助""公有民办"等办学形式。1997年，国务院颁布《社会力量办学条例》，这是中华人民共和国第一个规范民办教育的行政法规，标志着我国民办教育进入了依法办学、依法管理、依法行政的阶段。1999年夏，全国教育工作会议召开，会议再次明确要大力发展民办教育。①

一系列的利好政策促进了民办基础教育的快速发展，全国各地纷纷效仿，北京、成都、大连、南京、武汉、温州、广州、惠州等地也陆续出现民办中小学校。据当时国家教委的不完全统计，20世纪90年代初，全国民办学校共2万余所，民办中小学1 600余所。②

民办基础教育的迅速发展与国家政策和社会需求等诸多因素密切相关，但超常发展的速度也使一些学校准备不足，仓促上马。有的学校教学条件简陋，师资不足，教学水平很低；有的学校由于不符合办学条件，得不到办学许可而被停办。在此背景下，《民办教育促进法》于2002年底颁布，引导民办基础教育进入规范发展期。③

三、规范发展：民办教育法治化

从2003年《民办教育促进法》的实施到2016年《民办教育促进法》修正案的颁布，是民办基础教育的规范发展时期，这一阶段国家逐步完善政策和法律，规范民办学校的办学行为。2002年12月28日，第九届全国人民代表大会常务委员会第三十一次会议审议通过了《民办教育促进法》，并于2003年9月1日起施行。为贯彻实施《民办教育促进法》，推进民办教育健康发展，规范民办学校办学行为，2004年2月，国务院常务会议审议通过了《民办教育促进法实施条例》。《民办教育促进法》的颁布，标志着中国民办教育的法律体系基本建立。④

民办教育法律的颁布和实施，为民办基础教育发展创造了良好的制度环境，但法律条款下较为模糊的政策也给实践中的民办中小学管理者

---

①③④　周海涛，等. 中国教育改革开放40年：民办教育卷［M］. 北京：北京师范大学出版社，2019：29.

②　张志义. 民办教育的发展与规范［J］. 上海教育科研，1994（8）：9－12.

带来困难。在这期间，民办教育的外部环境发生了很大变化。一方面，随着《民办教育促进法》及其实施条例等法律法规及地方有关政策的出台，进一步明确了民办教育的公益性质、平等地位、合理回报等问题；另一方面，由于相关的法律文件尚不配套，有些政策执行起来遇到阻碍。①

在推进民办基础教育法制建设的进程中，关键问题是如何落实民办学校及教师的法律地位、如何明晰民办学校的产权、如何落实对民办学校的税收优惠政策、如何使出资人获取回报既合法合理又便于操作、如何依法落实民办学校的办学自主权、如何对民办学校资产使用和财务管理实施有效监管、如何促进地方创新制度和政策等方面。尽管民办基础教育规范发展时期存在诸多问题，但民办中小学校依然保持稳步增长的态势。截至 2016 年末，全国共有各级各类民办学校 17.10 万所，比上年增加 8 253 所；招生 1 640.28 万人，比上年增加 3.37 万人；各类教育在校生达 4 825.47 万人，比上年增加 253.95 万人。其中，民办普通小学 5 975 所，比上年增加 116 所；招生 127.76 万人，比上年增加 3.40 万人；在校生 756.33 万人，比上年增加 42.51 万人。民办普通初中 5 085 所，比上年增加 209 所；招生 188.74 万人，比上年增加 18.01 万人；在校生 532.82 万人，比上年增加 29.89 万人。②

四、非营利性发展：民办义务教育发展进入新阶段

2017 年新《民办教育促进法》生效，标志着民办基础教育进入以分类管理为特征的内涵式发展新时期。以分类管理为核心的系列新政策，规定义务教育阶段的民办学校只能选择成为非营利性民办学校。这是因为义务教育的属性决定了其不适合由营利性民办学校实施，否则就有可能影响义务教育政府责任的落实，影响义务教育的均衡发展。

从政策出台后的社会反响看，民办中小学校的管理者充分肯定了分

①　周海涛，等. 中国教育改革开放 40 年：民办教育卷 ［M］. 北京：北京师范大学出版社，2019：30.
②　周海涛，等. 中国教育改革开放 40 年：民办教育卷 ［M］. 北京：北京师范大学出版社，2019：31.

类管理政策有利于促进民办教育健康发展。北京市的一位民办教育集团负责人表示，要推进民办教育的发展，分类管理是最好的出路，这也是与国际同步的客观要求。该名负责人还认为，将来如果学校办成营利性的，就能够理所应当受到相应法律的保护；如果办成非营利性的，就可以进一步争取政府支持，踏踏实实地为社会做贡献。北京市海淀区的一位举办者认为，法律的规范和引导有利于民办学校健康有序地发展。与此同时，一些举办者也对分类管理后的具体操作问题存在一些疑虑和担忧。一位正在筹办民办学校的校长提出，在一个校区里既有义务教育学段教育，也有非义务教育学段教育，相关部门在登记和管理上应该如何区分。还有民办学校管理者关注民办学校与公办学校如何公平竞争，如何实现民办与公办学校教师同等待遇等问题。可以预计，未来各地政府将研究制定地方立法，在民办学校的收费、课程、办学条件及资质、投资人的管理及回报等方面出台具体规定，促进民办基础教育的健康有序发展。①

2021 年 4 月，《民办教育促进法实施条例》修正，9 月 1 日起施行。此次修正对各级各类民办教育规范发展、提高质量提出明确要求，也为进一步规范民办义务教育发展提供了重要的法律依据。

2021 年修正的《民办教育促进法实施条例》在规范民办义务教育方面更加细化。从涉及"义务教育"的条目数量和内容上看，原《民办教育促进法实施条例》共 4 个条目涉及"义务教育"，主要集中在民办学校的设立、组织与活动方面；而修正后涉及"义务教育"的条目则多达 14 条，其中 85% 为新增内容。对于民办学校的设立、学校的组织与活动、学校的资产与财务管理等诸多方面，修正后的《民办教育促进法实施条例》都提出了明确规定。

修正后的《民办教育促进法实施条例》对规范民办义务教育提出更加具体和明确的要求，既是为了更好地落实新修订的《民办教育促进法》，确保民办义务教育的健康有序发展，也是为了更好地落实《义务教育法》要求，进一步加强政府依法举办义务教育的主体责任。值得关注的是，修正后的《民办教育促进法实施条例》对近年来民办义务教

① 周海涛，等. 中国教育改革开放 40 年：民办教育卷 [M]. 北京：北京师范大学出版社，2019：31.

育出现的"公参民"问题、违规跨区域招生问题、民办义务教育利用VIE架构（协议控制）赴境外上市问题等做出了正面回应，也为进一步加强规范提供了法律依据。

第一，关于民办义务教育学校设立的新规定。修正后的《民办教育促进法实施条例》对不得举办民办义务教育学校的主体进一步加以明确，对外商投资企业、公办学校、地方政府、国有企业等主体做出了限制性规定。第五条要求"在中国境内设立的外商投资企业以及外方为实际控制人的社会组织不得举办、参与举办或者实际控制实施义务教育的民办学校"，这一规定与《外商投资准入特别管理措施（负面清单）（2020年版）》中的"25. 禁止投资义务教育机构"要求一致。①

第七条要求"实施义务教育的公办学校不得举办或者参与举办民办学校，也不得转为民办学校"；第八条要求"地方人民政府不得利用国有企业、公办教育资源举办或者参与举办实施义务教育的民办学校"；第十五条要求"地方人民政府及其有关部门应当依法履行实施义务教育的职责。设立实施义务教育的民办学校，应当符合当地义务教育发展规划"。这三条新规是针对近年来义务教育"公参民"学校损害义务教育公益性和公平性问题而提出的。由于历史原因，我国义务教育阶段有一些公办学校举办或参与举办了民办学校，这些"公参民"学校在学校名称中打着公办学校的招牌，有的与公办学校场地不分，有的长期占用公办学校教师编制，但却按照民办学校灵活自由的体制进行提前招生、"掐尖"招生，并收取高额学费。近年来义务教育"公参民"学校呈现出一些新形式，即由地方政府利用国有企业、国有融资平台等公共资源举办或参与举办民办义务教育学校的现象，这些利用公共资源举办的民办义务教育学校具有地方政府扶持的教师编制、名校资源等特殊优势，同时又可以通过民办学校进行生源选拔和收取学费。事实上，这些"公参民"学校在一定程度上推卸了地方政府举办义务教育的法定职责，而把教育成本转嫁到了老百姓身上，损害了义务教育的公益性和公平性。因此，2021年修正的《民办教育促进法实施条例》为保障义务教育的

---

① 孟久儿. 依法规范民办义务教育发展［EB/OL］.（2021-05-24）［2021-11-11］. http://www.moe.gov.cn/jyb_ xwfb/moe_ 2082/2021/2021_ zl38/202105/t20210524_ 533204. html.

公益性和公平性，保障地方政府履行实施义务教育的职责，要求公办学校、国有企业等公共资源均不得举办民办义务教育学校，并且要求设立义务教育民办学校时，还要符合当地义务教育发展规划，即要以地方政府提供为主，民办义务教育作为补充。①

第二，关于民办义务教育学校组织与活动的新规定。2021 年修正的《民办教育促进法实施条例》专门对民办义务教育学校决策机构的组成人员、开展的课程和使用的教材、招生范围和招生方式做出规定。新增第二十六条要求"实施义务教育的民办学校理事会、董事会或者其他形式决策机构组成人员应当具有中华人民共和国国籍，且应当有审批机关委派的代表"。第二十九条要求"实施普通高中教育、义务教育的民办学校可以基于国家课程标准自主开设有特色的课程，实施教育教学创新，自主设置的课程应当报主管教育行政部门备案"，并新增了"实施义务教育的民办学校不得使用境外教材"的要求。②

对于民办义务教育学校的招生要求，2018 年《中共中央 国务院关于深化教育教学改革全面提高义务教育质量的意见》明确提出"公民同招"，此次修正的《民办教育促进法实施条例》将"公民同招"以法律的形式确定下来，成为民办义务教育学校必须遵守的法律要求。第三十一条新增"实施学前教育、学历教育的民办学校享有与同级同类公办学校同等的招生权，可以在审批机关核定的办学规模内，自主确定招生的标准和方式，与公办学校同期招生。实施义务教育的民办学校应当在审批机关管辖的区域内招生，纳入审批机关所在地统一管理……实施义务教育的民办学校不得组织或者变相组织学科知识类入学考试"。原来一些民办义务教育学校跨区域招生、不规范招生带来的各种乱象，与民办学校审批机关监管能力不匹配直接相关。"应当在审批机关管辖的区域内招生"，体现了权利与监管职能相适应原则，也符合义务教育"县级人民政府为主管理"的要求。这一规定充分显示了国家在坚持公办民办教育一视同仁、平等竞争方面的决心。③

第三，关于保障民办义务教育学校"非营利"属性的新规定。2021

①②③　孟久儿. 依法规范民办义务教育发展［EB/OL］.（2021 - 05 - 17）［2021 - 11 - 11］. http://www. moe. gov. cn/jyb_ xwfb/moe_ 2082/2021/2021_ zl38/202105/t20210524_ 533204. html.

年修正的《民办教育促进法实施条例》第十三条规定"任何社会组织和个人不得通过兼并收购、协议控制等方式控制实施义务教育的民办学校、实施学前教育的非营利性民办学校";第四十五条规定"实施义务教育的民办学校不得与利益关联方进行交易"。《民办教育促进法》第十九条规定"民办学校的举办者可以自主选择设立非营利性或者营利性民办学校。但是,不得设立实施义务教育的营利性民办学校。非营利性民办学校的举办者不得取得办学收益,学校的办学结余全部用于办学"。可以看到,实施义务教育的民办学校必须是非营利性学校,并不得分配利润与剩余资产。而通过协议控制在境外上市的民办义务教育学校通过一系列协议安排、关联交易将学校的办学收益转移到了境外上市主体,冲击了民办义务教育学校的"非营利"属性。因此,修正后的《民办教育促进法实施条例》在保障民办义务教育学校的非营利属性方面,加以了严格限制,并在法律责任中规定,民办学校举办者及其实际控制人、决策机构或者监督机构组成人员有"与实施义务教育的民办学校进行关联交易"行为的,"由县级以上人民政府教育行政部门、人力资源社会保障行政部门或者其他有关部门依据职责分工责令限期改正,有违法所得的,退还所收费用后没收违法所得;情节严重的,1 至 5 年内不得新成为民办学校举办者或实际控制人、决策机构或者监督机构组成人员;情节特别严重、社会影响恶劣的,永久不得新成为民办学校举办者或实际控制人、决策机构或者监督机构组成人员;构成违反治安管理行为的,由公安机关依法给予治安管理处罚;构成犯罪的,依法追究刑事责任"。①

义务教育是国家统一实施的所有适龄儿童、少年必须接受的教育,是国家必须予以保障的公益事业。要坚持国家举办义务教育,以公办为主体、民办为补充,要坚持公办民办一视同仁、平等竞争。2021 年修正的《民办教育促进法实施条例》对民办义务教育的规范,正是体现了这样一种要求,也标志着我国民办义务教育将进入依法规范发展的新阶段。②

---

　　①②　孟久儿. 依法规范民办义务教育发展 [EB/OL]. (2021 – 05 – 24) [2021 – 11 – 11]. http://www. moe. gov. cn/jyb_ xwfb/moe_ 2082/2021/2021_ zl38/202105/t20210524_ 533204. html.

第二节　民办义务教育的办学模式

一、40 多年来民办义务教育存在的几种办学模式

我国民办基础教育 40 多年的发展过程中，产生了"国有民办"（包括社会承办学校、公立"转制"学校），"民有民办"（包括个人办学校、事业单位办学校、企业办学校、教育集团学校）以及混合所有制等典型模式。①

（一）"国有民办"模式

"国有民办"中小学，包括社会承办学校（也称为"民办公助"学校）和公立"转制"学校（也称为"公办民助"学校）两类。②

社会承办学校是指个人或社会团体作为承办人，在一定的启动资金基础上，向政府教育部门或其他部门租赁、借用一定的场地而开办起来的学校。如宁波市 A 中学是社会承办学校的一个典型。承办人向宁波市教育局租用办学场地，校长拥有较充分的办学自主权，包括：校长自主组建学校领导班子，聘任副校长和各处室负责人；校长自行聘用教职工，并有权决定教职工的工资待遇和奖金福利；学校自主拓展办学渠道，走以基础教育为主、"三教"（普教、职教、成教）互相渗透的办学新路子；学校可自主招收"民办班"。

公立"转制"学校是指政府根据社会的教育需求，按照法律程序将原有的国有公办学校或是政府新建学校交给有法人地位的社会团体或公民个人进行"转制"运行的学校。这类学校享受民办学校的政策和待遇，以自己的办学质量获取社会的支持。公立"转制"学校最早于20 世纪 90 年代初出现在上海。当时上海市的民办中小学中，转制学校占一定比例，主要包括两种：一种是政府在城市公共建设过程中新建

---

① 周海涛，等. 中国教育改革开放 40 年：民办教育卷［M］. 北京：北京师范大学出版社，2019：31.

② 周海涛，等. 中国教育改革开放 40 年：民办教育卷［M］. 北京：北京师范大学出版社，2019：32.

的、与新的居民住宅小区相配套的学校；另一种是已开办的薄弱学校，如上海市 B 中学是公立"转制"学校的一个典型。该校是 1993 年经徐汇区批准，由一所公建配套学校"转制"而来的全日制完全中学。其校产属国家所有，即学校的所有财产，包括办学所增值的部分，全部归国家所有；校长全权负责学校的经营管理和教育教学。学校进行了管理体制的改革，改变原来政府对学校的直接调控，实行董事会领导下的校长负责制。学校具有教育、人事、招生、财务自主权，自行筹措办学经费。政府在办学硬件和软件上给学校以支持、督促和指导。该校"转制"后，教育资产大幅增值，实力由弱变强。[①]

（二）"民有民办"模式

"民有民办"学校即所谓的"纯民办"学校，其办学主体为公民个人、社会团体或其他社会经济组织。该模式的本质特征是资金筹集和投入的主体不是政府，而是非政府法人或自然人。我国"民有民办"学校的类型多，数量大，办学成分复杂，以办学主体和资金来源为标准，可将其分为个人办学校、事业单位办学校、企业办学校和教育集团学校。[②]

个人办学校由一人或数人作为出资人成立学校，聘请校长管理学校，自聘教师，自主管理。如广东省 C 学校成立于 1994 年 9 月，是一所致力于学生个性教育探索与实践的民办学校。为减少各学段的衔接所造成的教育损耗，保证学生基础学习与个性发展的连贯性，该学校采用幼儿园、小学、初中、高中十五年一贯制和三五四三学制。[③]

事业单位办学校大多由事业单位、社会团体或民主党派出资办学，由办学单位派人主持学校董事会，由董事会决定学校发展规划、预算决算和校长人选等重大事项。如上海市 D 中学由上海市教科院和某公司合办，是一所由事业单位与企业合办的学校。教科院以其无形资产及实验指导，租用闵行区梅陇镇住宅小区配套中学；某公司投入启动资金600 万元，用于校舍和食堂装潢改造，购买实验室设备、课桌椅和办公

---

① 胡卫. 民办教育的发展与规范 [M]. 北京：教育科学出版社，2000：99.

② 周海涛，等. 中国教育改革开放 40 年：民办教育卷 [M]. 北京：北京师范大学出版社，2019：33.

③ 周海涛，等. 中国教育改革开放 40 年：民办教育卷 [M]. 北京：北京师范大学出版社，2019：34.

设备等。该校校舍面积 8 500 平方米，占地约 1.9 万平方米（协议期限 20 年，每年向教育主管部门支付 20 万元租金）。学校实行董事会领导下的校长负责制；董事会由市教科院、某公司、闵行区教育局、梅陇镇政府教委联合推荐人员组成；董事长单位为上海市教科院，副董事长单位为该公司；校长由上海师范大学附中退休校长担任。[①]

企业办学校也称为教育产业型学校，即企业投资将学校作为产业经营，聘请校长自主管理。这类学校一般投资规模大、办学条件好、招生范围广、入学费用高。如上海市 E 学校是企业办学校的一个典型，由上海市某企业独家投资兴办。该校总投资 1 亿元人民币，是一所与小区配套建设而成的民办九年一贯制学校，面向全市招生。学校的设立提升了小区的物业水准，带动了住宅的销售。学校实行董事会领导下的校长负责制；董事会由学校主办单位主持，校长根据董事会的授权自主办学；学校教师工资待遇略高于公办学校。该校的日常办学经费主要来源于企业设立的教育基金、社会的教育捐资和学杂费等。[②]

教育集团学校是以集团投资、连锁办学、适度产业化为发展模式的学校，市场定位明确、业务设计和构思特别、行动协调一致等特点明显。这种办学模式有利于提升教育资源的使用效率，扩大优质教育品牌的影响力。如浙江省 F 教育集团是一家全民事业性质的教育集团，从 1993 年创办至今，该集团已基本形成了普通教育、职业教育和高等教育相配套的教育格局。F 教育集团的发展是教育一体化、系统化、产业化改革的集中体现，它既不同于国家全额投入的公办学校，也不同于私人或企业举办的学校。该集团所有办学资金先上交国家财政，然后再由国家财政审批规定使用，并由政府审计部门监控。集团董事会与学校之间始终保持密切关系：集团董事会设立财务总监职位，负责规范集团与学校之间的资金运作方式，在保证学校教育经费的同时，定期检查实施过程与终端考核；集团董事会还设立了教育总监，不定期抽查学校师资队伍质量及教育质量。[③]

①② 周海涛，等. 中国教育改革开放 40 年：民办教育卷［M］. 北京：北京师范大学出版社，2019：34.

③ 周海涛，等. 中国教育改革开放 40 年：民办教育卷［M］. 北京：北京师范大学出版社，2019：35.

（三）混合所有制模式

混合所有制办学模式是一种多方合作的办学模式，一般由政府、事业单位、企业、个人等多方主体，以资本、知识、技术、管理等多种要素参与办学。随着公私合作伙伴关系（public-private-partnership，PPP）在民办教育领域的推广，这一办学模式日趋增多。混合所有制民办中小学可以充分发挥不同办学主体的积极作用，提升教育资源的使用效率，保障学校运行的稳定性，有利于提高教育教学质量。如上海 G 中学就是混合所有制中学的一个典型，它由企业集团、民主党派和事业单位三方合作举办，学校发展态势良好，教育质量得到家长和学生的广泛认可。①

二、对民办义务教育办学模式的规范

公办学校充分发挥自身优势，通过举办或者参与举办民办义务教育学校，扩大了优质教育资源覆盖面，缓解了部分地方教育资源供需矛盾，满足了人民群众多样化的教育需求。但是，随着社会对教育公平价值的要求和教育法规制度体系的完善，"公参民"学校的问题不断显现，加重了人民群众的教育负担，影响了教育生态，社会反映强烈。中央对这个问题高度重视，要求以确保义务教育的公益性、公平性和人民性为目标，以问题为导向，以理顺体制机制为切入点，推动公办学校回归公办，社会力量举办民办，以促进义务教育优质均衡发展。同时，新修订的《中华人民共和国民办教育促进法实施条例》的印发，也为规制"公参民"学校的办学模式提供了制度保障。

为贯彻义务教育由国家统一实施的要求，推动义务教育优质均衡发展，2021 年 7 月，《教育部等八部门关于规范公办学校举办或者参与举办民办义务教育学校的通知》（教发〔2021〕9 号）（以下简称《通知》），对公办学校举办或者参与举办民办义务教育学校行为进行规范。

（一）严格界定范围

《通知》规定，"公参民"学校主要包括以下三类：公办学校单独

---

① 周海涛，等. 中国教育改革开放 40 年：民办教育卷［M］. 北京：北京师范大学出版社，2019：35.

举办的义务教育学校；公办学校与地方政府及相关机构（含具有财政经常性经费关系的其他单位、政府国有投资平台、政府发起设立的基金会、国有企业等，下同）合作举办的义务教育学校；公办学校与其他社会组织、个人合作举办（含公办学校以品牌、管理等无形资产参与办学）的义务教育学校。

（二）理顺体制机制

《通知》要求，公办学校单独举办、公办学校与地方政府及相关机构合作举办的义务教育学校，应办为公办学校，按照属地原则，划归市、县级地方政府教育行政部门统一管理，但对于优质教育资源缺乏的地区，由地方政府引进区域外公办学校合作举办的义务教育学校，应坚持公有属性，完善管理模式。公办学校与其他社会组织、个人合作举办的民办义务教育学校，符合"六独立"要求（即独立法人资格、校园校舍及设备、专任教师队伍、财会核算、招生、毕业证发放）的，可继续举办民办学校，但应在履行财务清算等程序，并对民办学校及相关单位、企业等使用公办学校校名或校名简称进行清理后，公办学校逐步退出，经协商一致且条件成熟的，也可转为公办学校。不符合"六独立"要求的，地方政府要限期整改，整改不到位的，可视情况将其转为公办学校或终止办学。各地须按照《中华人民共和国民办教育促进法》《中华人民共和国劳动合同法》等法律法规，制定具体办法，明确终止或解除劳动合同的教职工经济补偿的标准和资金来源，做好安置工作。新建居住社区配套建设的义务教育学校，应当建为公办学校。既有居住社区配套建设的"公参民"学校，可在条件允许的情况下转为公办学校，也可通过承接政府购买服务方式提供学位、继续办学。《通知》要求各地要因地制宜、审慎推进，一省一方案，力争用两年左右时间，理顺体制机制，实现平稳过渡。

（三）规范公有教育资源使用

公办学校将土地、校舍、教学仪器设备等国有资产租赁给民办义务教育学校使用的，应当签订租赁协议，明确期限、价格和双方责任等。租赁价格需按照国有资产管理要求，评估作价、合理确定。公办学校将以划拨方式取得的土地租赁给民办义务教育学校使用的，应当限期纠正，收回自用，或由市、县人民政府收回划拨土地使用权、重新安排供应；公办学校将以划拨方式取得的土地上建成的房屋租赁给民办义务教育学校使用的，应当依法上缴租金中所含的土地收益。地方政府和公办学校不得向民办义务教育学校新增派具有事业编制的教职工，已经派出的，应分阶段分步骤有序引导退出。各地根据实际情况，可设置过渡期，分类管理，稳妥推进。公办学校向民办义务教育学校提供服务的，应当按照国家有关规定履行审批程序后签订协议，有偿服务费收入按照"收支两条线"管理，防止坐收坐支或私设"小金库"。公办学校应当增强品牌保护意识，规范学校名称、简称的使用，不得违规输出品牌。民办义务教育学校也不得利用公办学校品牌开展宣传或其他活动。公办学校应集中精力提高自身办学质量，充分发挥优质教育资源辐射效应，采取对口支援、帮扶薄弱学校、开展师资培训等多种方式支持地方义务教育。

（四）严格规范招生

公办学校不得以民办义务教育学校的名义开展选拔招生或考试招生，民办义务教育学校不得以公办学校或者公办学校校区、分校的名义招生，也不得以借读、挂靠等名义变相违规招生。

第四章 部分发达国家私立义务教育

第一节 部分发达国家私立义务教育概况

一、美国的私立义务教育

私立教育与现代学校系统受各国社会政策文化影响而有不同发展。美国义务教育发展呈现高度地方化，各州拥有相对独立的教育自主权。2017—2018 学年，全美各州义务教育学段均有私立学校。其中，最多的是加利福尼亚州（3 339 所），最少的是怀特明州（35 所）。[①]

各州私立教育发达程度与地方政策宽松程度有一定关系。以市场准入为例，有的州不设置任何门槛；有的州采取较为宽松的"注册模式"，私立学校向当地教育部门提交注册申请，经审查后即可进入学历教育机构列表；有的州采取相对严格的"许可模式"，一般经主管部门审查校舍、人员、设备和课程、章程等项目，符合要求后颁发办学许可；有的州采取较为严格的"批准模式"，私立学校需要获得教育行政部门在招生计划、培养计划等方面的特别许可。虽然各州的管理实务存在差异，但也有一些全国性的共同点。[②]

第一，私立义务教育没有较强的制度供给。对 50 个州和一个联邦地区（哥伦比亚特区）法律法规和政策文件的整理分析发现，各州均对义务教育立法，义务教育的年龄在 5 ~ 8 岁到 16 ~ 18 岁。为方便统计，联邦政府更多采用"基础教育"的概念，以最大范畴地涵盖各州义务教育年限。但是，各州针对私立学校的专门法规文件非常少。绝大多数州通过州法典和州宪法对私立学校进行原则性规定，有的州在教育法典中专列私立学校相关条款，个别州产生了《非公立学校法》。[③]

---

①②③ 李虔. 美国私立义务教育发展观察 [J]. 教育研究，2020（10）：62 - 72.

第二，私立学校产生普遍早于公立学校，曾被地方取缔、严格限制或强制变更。为保障义务教育的规范化、普及化，一些州和地方政府提出义务教育全部由公立学校提供。直到最高法院裁定父母有权将其子女送入私立学校，强制所有儿童就读公立学校的法律违宪，义务教育私立学校得以存续发展。但是，在19世纪的教育改革中，"以纽约市为首的大城市纷纷将私立学校变更为公立学校"，"以牺牲私立教育部门为代价，实现了公立学校系统的大幅扩张"。私立学校对美国现代义务教育学校系统的形成做出了重要的、直接的贡献。①

第三，联邦政府在各州私立教育发展中的角色正不断增强。在联邦国家形成过程中，联邦政府对义务教育的行政权力较小。近年来，联邦层面不断强化对私立义务教育的要求，主要通过国会、联邦教育部和国家税务局三个部门体现。国会通过的教育改革方案要由联邦教育部监管和执行。联邦教育部负责采集全国私立学校调查数据，开展全国性的优质学校评估，要求各州教育行政部门设"私立学校监察员"（private school ombudsman）岗位等，为各州提供私立教育发展指导。国家税务局则授予和监管非营利性私立学校的免税身份。②

第四，义务教育私立学校的构成较为复杂，且很多学校非常小众。在联邦教育的统计分类中，至少包括非宗派学校（由与宗教团体无关的个人、团体或企业开办）、宗派类学校（由宗教组织开办，以历史悠久的天主教学校为主，也称为教会学校）、特殊重点学校（遵循特定教育哲学的学校，如蒙台梭利学校）、普通私立学校等多种类型。这种高度分散化、多元化的私立学校系统，是美国私立义务教育的重要特征。③

二、英国的私立义务教育

英国的教育体系是双轨制，既有公立学校，又有私立学校。早在《1944年教育法》（Education Act，1944）中有关条款已提及家长选择学校的问题，但是"家长择校"是20世纪80年代后期以来，英国政府在义务教育上又一个新的政策。《1988年教育改革法》（Education Reform Act，1988）的颁布，通过公开招生的办法增加了家长择校的机会。20世

---

①②③　李虔. 美国私立义务教育发展观察［J］. 教育研究，2020（10）：62-72.

纪 90 年代里，家长择校的权利又得到了进一步扩大，并充分地体现在 1991 年的《家长宪章》之中。英国政府于 1992 年发表的教育白皮书，也把"家长选择"（parent choice）作为它的重大主题之一，强调给家长更多的选择机会。具体来讲，家长可以在公立教育和私立教育之间选择，可以在郡立学校与教会和其他民间团体所办的具有传统特色的学校之间选择。当然，英国中小学教育的多样化也为家长的选择提供了机会和条件。

公立学校提供免费教育，经费来自政府税收，英国约有 93% 的儿童在公立学校读书。私立学校由私营机构或个人所有并管理，经费来自学费和捐款，学费普遍偏高，约有 7% 的儿童就读私立学校。一般来讲，私立中小学的办学条件和经费来源均优于公立学校。为了提高薄弱地区的教育质量，促进义务教育均衡发展，英国政府实施了一项重大的教育改革措施"教育行动区"计划（education action zone）所谓的"教育行动区，一般设在因学生学业成绩低下而需要特别支持的城镇和乡村地区"。在这些地区，原先以地方教育当局为主导的管理体制已无法扭转学校的不良状况。为提高这些地区学校的教育质量，社会各界特别是私营工商企业提出申请，在学生学业表现欠佳的教育薄弱地区成立教育行动区，接管所属的公立学校。每个教育行动区所属学校总数不超过 20 所，通常包括 2 ~ 3 所中学以及为它们输送生源的小学。在英国"教育行动区"计划中，商业成分介入教育改革是其重要的手段和方式，并且通过商业和市场的力量把处于弱势地位的教育提高到一个新的水平上来。与美国的做法类似，英国在这方面主要是通过公立学校私营化来实现的。所谓公立学校私营化指的是，在公立学校开支继续由公共财政负担的前提下，废除地方教育行政部门在公立学校经营和管理方面传统的垄断权，通过市场机制吸引社会各界，特别是私营工商企业参与公立学校的经营和管理，以达到有效配置公共教育资源、提高教育质量的目的。

英国的私立中小学教育是"精英教育""贵族教育"的代名词，约有 7% 的学生就读。高昂的学费使就读私立学校成为少数富有阶层所享用的"特权"，上私立学校被视为子女进入"上流社会"的跳板，被学者诟病为"坏榜样"。目前英国仍有一些宗教和古典中学留存，继续从事中学教育。①

① 徐绪卿，胡建伟. 全球私立教育学段的举办结构及对我国民办教育发展的启示 [J]. 浙江树人大学学报（人文社会科学版），2021（1）：10 – 18.

三、日本的私立义务教育

日本的学校分为国立（国家办学）、公立（地方政府办学）和私立三类，各级教育委员会的教育长由当地政府提名，议会通过，但教育委员会独立于当地政府和议会履行职责和行使权力。日本政府还依据法律和政令，规定义务教育阶段小学、初中主要由市办学，国家根据对各学校核定的人员编制数从国库支付50%的工资，另外50%和超编人员的工资由市级财政支付，高中主要由都道府县办学。

在义务教育阶段，日本不提倡择校，但政府也没有明令禁止，公立学校遵循就近入学原则，家长能选择的只能是私立学校。

日本对私立学校教育的发展，经历了一个由限制到承认再到重视的过程。使私立学校教育根据自身的特点在某些层次和领域获得了充分的发展，与国立、公立学校构成一个有机分工和配合的教育体系。其特点是：在义务教育以及特殊教育中，国立、公立学校占了绝大部分；而在非义务教育阶段的幼儿园以及高等教育，特别是在职业技术教育的各种学校中，私立学校占了绝大多数。

日本私立学校与国立、公立学校的主要区别有以下几点。①设置者不同，因而管理者不同。私立学校是由学校法人设立的，因而属于学校法人管理运营。②私立学校具有较大的自主权，而国立、公立学校的课程设置方面要遵守教育行政部门的严格规定，私立学校则不受限制，可以形成自己独有的特色和风格。③国立学校的教员属于国家公务员，公立学校的教员属于地方公务员，私立学校的教员则属于自由职业者，学校与教员之间是一种雇佣关系。④国立、公立学校里禁止进行宗教教育和宗教活动，而私立学校则不受此限制。⑤义务教育阶段的国立、公立学校实行免费教育，而私立学校则可以收取学费。⑥国立、公立中小学的就学区域有特定限制，而私立学校则可以自由招收学生。①

---

① 姜沛民．日本私立学校教育［J］．教育研究，1998（10）：69－72.

第二节　部分发达国家私立教育政策特点

一、私立教育体制特点

1. 国家教育行政部门对私立学校一般采取宏观调控政策

许多国家设立了单独负责私立教育事务的行政部门。如美国成立了联邦政府教育部"非公立教育办公室"，现有编制 4 人，办公室主任是政府处理有关非公立教育问题的主要顾问。这种机构与私立学校的关系不是管理与被管理的关系，它的职能是指导与服务。美国各州也有相应的机构。英国则规定"私立学校是国民教育体系的一个组成部分，国家对私立学校负有一般性责任"。[①]

在注重对私立教育进行宏观调控的同时，许多国家比较注重教育中介组织在私立教育中的作用。社会中介组织在私立教育的教学和管理评估方面有着重要的影响。为了使私立教育教学质量受到社会监督，美国自发形成了行业协会和评估组织，通过他们的评估活动促进学校改善管理，提高教育质量。参加评估的学校是自愿行为，不是政府的强迫性规定，各级各类学校可自愿申请加入本地区或者全国性评估组织。目前美国私立教育评估组织已经形成了较有影响的覆盖全美的评估组织网。联邦政府在私立学校评估中通过相应政策的制定而发挥着导向性的影响：为通过评估的私立学校提供学生贷款的保证与服务；通过评估的私立学校，特别是私立大学，才有资格申请联邦政府的特殊研究基金；认可评估委员会的评估程序与条件；负责评估委员会资格的认可、监督与管理。[②]

2. 在发展私立教育的政策措施上，各国都力图将私立教育的发展纳入法治的轨道

法律有明确规范的，就坚决贯彻，法律没有规范的，则不轻易加以干涉，需要修改制定法律规范以适应新形势的，就要起草或修订法律法

---

①② 李军. 当前美、英、日等国私立教育政策分析与借鉴 [J]. 中国民办教育研究，2003 (00)：198 – 216.

规。日本强调实行法律行政二法制健全，规范性强是日本私立教育行政管理的显著特征。除有《日本国宪法》《民法》《教育基本法》《学校教育法》等一些基本法的约束外，还制定了专门的《私立学校法》，颁布了《私立学校法施行令》《私立学校法施行规则》，以及《私立学校振兴助成法》《私立学校振兴助成法施行令》等。系统、健全的教育立法，使日本私立学校的管理具有很强的规范性。美国私立学校教育法一般由州制定，内容比较全面，涉及私立学校的办学标准、审批、课程设置、教师队伍诸方面的问题。①

3. 在学校内部实行自主管理政策

如英国充分尊重办学团体的自主权，在较大程度上体现了政府对个人或团体办学者自主权的尊重。公学的事务基本由办学者及其校董会掌管，民办学校的财产权仍归办学者所有，他们还享有宗教教育及教师任免等方面一定的发言权。美国私立学校也有着较大的办学自主权，形成了自主办学、自主管理、自我约束、自负责任的良性机制。②

二、私立教育经费政策特点

当前美、英、日等国家私立教育经费政策的一个显著特点就是对私立学校实行经费资助政策。在欧洲的一些国家里，对私立学校进行资助已成为一种惯例。首先，教育是一项公益性很强的事业，政府理应支持私立教育的发展。其次，政府对私立教育进行资助，是出于提高教育质量的需要，有助于打破公立学校一统天下的局面，迎来一个竞争的时代。再者，通过经费资助，可以对私立教育进行政策导向。③

美、英、日等国家在制定政策时，都规定了资助私立教育的形式和内容。从形式来看，有对学校法人的资助，包括资金援助和其他非资金资助，还有对私立学校学生的资助，相对前者来说，其作用体现得更间接些。从内容来分析，各国资助私立教育主要表现在如下几方面。

（1）提供减免税的优惠措施。大多数国家规定得比较笼统。以日本为例加以说明，日本的税收名目繁多，一般的法人均依法向国家和地

①②③　李军. 当前美、英、日等国私立教育政策分析与借鉴 [J]. 中国民办教育研究，2003（00）：198－216.

方纳税，而对学校法人则实行种种减免优惠。依法免税的项目有：学校法人税、事业税、学校用地税、校舍和体育馆等固定资产税、地价税。捐赠给学校法人的钱物中用于教育的部分也享有免征捐赠税待遇。[①]

（2）政府向私立学校直接提供经费资助。西方国家在向私立学校直接提供经费援助时，情况是千差万别的。有的国家提供的经费资助额比较小，而有的国家却很多。例如，德国各州对起到替代和补充公立教育作用的私立替补学校的资助数额就十分可观。多数国家对提供的经费规定了使用的目的和花费的范围，如美国对有科研能力的私立高校提供的研究经费就只能用于有关项目的研究。[②]

（3）向私立学校提供教育教学服务。政府向私立学校提供教育教学等方面的服务，使私立学校在某些方面不投资或少投资也能进行正常的教育教学活动，可看作是政府的间接经费资助措施，有利于私立学校节省开支、渡过难关、提高质量。像美国部分州实行公立学校为私立学校开设某些课程，允许私立学校使用公立学校的有关设备，公立学校卫生保健机构定期为私立学校学生提供保健服务等措施，就是其典型表现。[③]

（4）向私立学校学生提供奖学金、贷款等方面资助。如美国政府向符合条件的学生提供奖学金或贷款，使一部分低收入家庭学生也有可能进入名牌私立学校学习。

政府向私立学校提供资助的内容是多种多样的，但主要表现在上述四个方面，其他内容还包括有：政府向私立学校提供长期低息贷款；对私立学校在征地、用水用电方面实行优惠等等。[④]

三、私立教育人事政策特点

美、英、日等国家在教师政策上的一个重要特点是私立学校教师和公立学校的教师具有平等的地位。通常情况下，这些学校的教师必须具有和公立学校教师相同的资格证书，并享受同等的工资待遇。如美国公立和私立学校的教师可以互相流动，大多数私立学校可为教师提供住宿

---

①②③④ 李军. 当前美、英、日等国私立教育政策分析与借鉴 [J]. 中国民办教育研究，2003（00）：198－216.

条件，为资深的教师提供一栋住房，为青年教师提供一套住房，另外还为教师购买医疗等保险，以这些比较好的待遇保证教师安心工作。

通过自由、公正聘任教师的制度，使得私立学校拥有较大自主权，配合了私立学校课程灵活、独特的需要，可以及时为新设的独特课程聘任教师。而公正的选择师资制度则保证了教师的质量，从而吸引了大批的学生，这是西方私立学校健康发展的一个重要条件。[①]

四、私立教育质量保障政策特点

为了保证私立学校的教育质量，美、英、日等国家都推行了标准齐备的质量保障政策。其中一项重要的政策就是对私立学校进行办学条件鉴定。如果一所学校满足政府提出的某些条件，将在法律上被认可，并颁发办学许可证书。这些条件包括：教师的任职证明、管理人员的胜任能力、学校建筑设施与教学材料的具备、开设课程的质量、外界所提供的资助性设施的范围与种类等等。鉴定对学校质量的提高无疑具有保障作用。鉴定既可由政府对学校提出要求，也可由学校自己向政府提出鉴定申请，否则学校就不能正常运转，就会被认为违法。学校经鉴定后，私立学校学生方可准许参加大学入学考试。因而，私立学校对政府的鉴定非常重视，私立学校的负责人力求使自己的学校满足政府的标准。如英国国家教育标准司有权根据国家设立课程制定出的国家拨款学校应达到的最低程度标准，来检查学校对学生的教育质量和衡量每个学生的成绩，并决定在哪些方面学校能够也应该做出改进，检查小组要公布检查报告结果，每所学校应根据报告制定出克服检查组提出的任何弱点的计划。英国国家教育标准司的评估受到各方的好评，它代表国家对学校进行评估检查，家长也可以通过国家教育标准司的检查报告来了解每所学校的办学质量。[②]

---

① ② 李军. 当前美、英、日等国私立教育政策分析与借鉴 [J]. 中国民办教育研究，2003（00）：198－216.

第五章　非营利性背景下义务教育阶段 民办学校面临的主要风险分析

第一节　生源风险

一、生源减少

乔锦忠等采用 Leslie 矩阵的队列要素法和实地访谈法，对 2020—2035 年期间我国义务教育阶段在校生数、学校数、教师数和所需经费等进行了预测。结果显示：随着生育率和出生人口下降，我国义务教育阶段学生人数呈现出持续下降趋势。到 2031 年，我国城区义务教育学生数将超过镇区，义务教育将总体进入以城市教育为主体的时代。[①]

1. 全国义务教育适龄人口达到峰值后将逐步下降

根据预测，我国义务教育适龄总人口将于 2024 年达到峰值（14 580 万人），之后将逐年下降，到 2035 年将下降到 11 030 万人。其中小学适龄人口将于 2024 年达到峰值（9 915 万人），之后将逐年下降，到 2035 年将下降到 6 940 万人；初中适龄人口将于 2029 年达到峰值（5 055 万人），之后将逐年下降，到 2035 年下降到 4 090 万人。[②]

[①②]　乔锦忠，等. 2020—2035 年我国义务教育阶段资源配置研究［J］. 华东师范大学学报（教育科学版），2021（12）：59 – 80.

表 5-1　全国义务教育适龄人口情况预测

单位：万人

年份	6 岁	7 岁	8 岁	9 岁	10 岁	11 岁	小学适龄人口	12 岁	13 岁	14 岁	初中适龄人口	适龄总人口
2020	1 640	1 610	1 595	1 550	1 520	1 545	9 460	1 545	1 525	1 500	4 570	14 030
2021	1 645	1 640	1 610	1 595	1 550	1 520	9 560	1 545	1 545	1 525	4 615	14 175
2022	1 695	1 640	1 635	1 610	1 595	1 550	9 725	1 520	1 545	1 545	4 610	14 335
2023	1 730	1 695	1 640	1 635	1 610	1 595	9 905	1 550	1 520	1 545	4 615	14 520
2024	1 615	1 725	1 690	1 640	1 635	1 610	9 915	1 595	1 550	1 520	4 665	14 580
2025	1 505	1 615	1 725	1 690	1 640	1 635	9 810	1 610	1 595	1 550	4 755	14 565
2026	1 455	1 505	1 615	1 725	1 690	1 640	9 630	1 635	1 610	1 595	4 840	14 470
2027	1 415	1 455	1 505	1 615	1 725	1 690	9 405	1 640	1 635	1 610	4 885	14 290
2028	1 370	1 410	1 450	1 505	1 615	1 725	9 075	1 690	1 640	1 635	4 965	14 040
2029	1 315	1 370	1 410	1 450	1 505	1 615	8 665	1 725	1 690	1 640	5 055	13 720
2030	1 260	1 315	1 370	1 410	1 450	1 505	8 310	1 615	1 725	1 690	5 030	13 340
2031	1 210	1 255	1 310	1 370	1 410	1 450	8 005	1 505	1 615	1 725	4 845	12 850
2032	1 170	1 210	1 255	1 310	1 370	1 410	7 725	1 450	1 505	1 615	4 570	12 295
2033	1 130	1 170	1 210	1 255	1 310	1 370	7 445	1 410	1 450	1 505	4 365	11 810
2034	1 100	1 130	1 170	1 210	1 255	1 310	7 175	1 370	1 410	1 450	4 230	11 405
2035	1 075	1 100	1 130	1 170	1 210	1 255	6 940	1 310	1 370	1 410	4 090	11 030

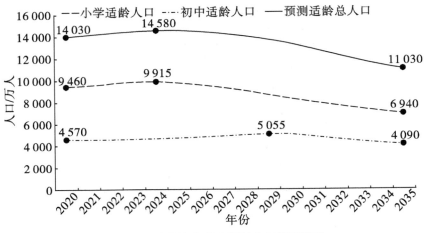

图 5-1　全国义务教育适龄人口情况预测

2. 全国义务教育阶段在校生数将经历一个短期（4年）缓慢上升到长期（11年）快速下降的过程

到 2035 年，义务教育阶段在校生规模比 2020 年将减少约 3 000 万。具体而言，即由 2020 年的 14 030 万缓慢上升，在 2024 年达到峰值约 14 580 万。随后呈现加速下降趋势，由每年减少一两百万（2025—2028 年）加速至每年减少三四百万（2028—2035 年），最终至 2035 年减少到约 11 030 万，较 2020 年预测值下降 3 000 万。①

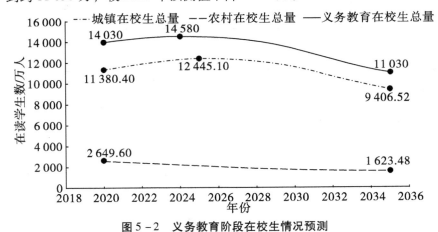

图 5-2　义务教育阶段在校生情况预测

---

　　① 乔锦忠，等. 2020—2035 年我国义务教育阶段资源配置研究［J］. 华东师范大学学报（教育科学版），2021（12）：59-80.

小学在校生总体趋势为先短期缓慢增长后长期快速下降。小学峰值出现在 2024 年，数量为 9 915 万人，峰值较 2020 年 9 430 万人，增加约 485 万人。城区小学、镇区小学在校生的峰值 3 888.96 万人、4 326.2 万人，分别出现在 2026 年和 2024 年，随后在校生数持续减少。

初中在校生总体呈现先缓慢增长后快速下降趋势。初中在校生峰值出现在 2029 年，数量为 5 055 万人，较 2020 年增加了 485 万人。随后迅速下降至 2035 年的 4 090 万人，较 2020 年减少了 480 万人。2020—2029 年间增长的初中学生主要分布在城区，2030 年达到峰值 2 181.24 万人，最后缓慢下落至 1 908.9 万人。①

3. 全国义务教育学校需求数总体呈现下降趋势

2020—2035 年间全国义务教育学校需求数总体呈现下降趋势，下降速度逐步加快，预测至 2035 年只需 14.07 万所，较 2020 年减少 5.52 万所。2035 年初中、小学需求数分别为 4.79 万所和 9.28 万所，较 2020 年分别减少 0.38 万所和 5.14 万所。事实上，自 2003 年以来全国义务教育阶段学校数一直呈减少趋势，2020—2035 年期间将继续延续过去减少的趋势，而且下降速度逐步加快。②

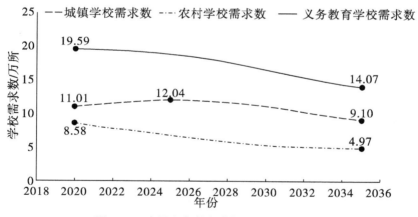

图 5-3 全国义务教育学校需求数情况预测

①② 乔锦忠，等. 2020-2035 年我国义务教育阶段资源配置研究［J］. 华东师范大学学报（教育科学版），2021（12）：59-80.

全国小学需求数总体在2023年前保持稳定，随后开始加速下滑。2020—2035年期间全国小学需求数在2023年前保持稳定，农村小学需求数始终下滑，下降幅度很大，到2035年所需学校数不足2020年的一半（2020年7.28万所，2035年3.55万所）；城区与镇区小学需求数分别在2026年、2024年前有小幅上升，随后也开始下降。

全国初中学校需求数将在2030年达到峰值5.63万所，随后迅速下降至4.79万，但农村初中需求量在2024—2035年期间需求有小幅增长。初中学校需求量在2030年前稳中有增，之后开始下降，下降最快的地区是镇区。与此同时，2024年起农村初中需求数从最低的1.14万所开始持续增加，至2035年达到峰值1.42万所，是同时期唯一需求量不降反增的，但增加幅度不大。[①]

二、来自公办学校的竞争加剧

1. 公办义务教育学校教师队伍建设质量快速提升

一是工资待遇得到保障。20世纪80年代之前，教育行业职工平均工资在国民经济各行业中排倒数第三位，如今，这一数字提升到在全国19大行业中排名第七。教师工资福利支出占财政性教育经费比例已连续多年超过50%。二是编制标准不断提高。截至2018年底，全国各省、区、市公办中小学教职工编制基本达到全国统一的生师比标准，所有省份在事业编制总量只减不增的同时，均保持了教职工编制的基本稳定和逐步增长，总体满足了教育教学需要。三是职称评聘日益完善。健全职称层级设置，中小学教师、中等职业学校教师职称均新设置到正高级，畅通了职业发展通道；完善评价标准，坚持品德、能力和业绩导向；创新评价机制，建立以同行专家评审为基础的业内评价机制，并下放评审权限，积极培育学校自主评审能力。

2. 国家对公办义务教育学校的财政投入不断增加

1986年出台的《中华人民共和国义务教育法》确认了在经费上地方负责、分级管理的体制，由各级政府分担义务教育经费，这是现行义务教育财政体制的基础。随后在社会经济的发展过程中，我国义务教育

---

① 乔锦忠，等. 2020—2035年我国义务教育阶段资源配置研究［J］. 华东师范大学学报（教育科学版），2021（12）：59－80.

经费的筹资渠道不断拓展，政府责任不断加强。2012 年，国家财政性教育经费首次超过 2 亿元，占 GDP 的比例首次超过 4.00%，这在我国教育史上具有重要意义。在之后的发展中，财政性教育经费占 GDP 比例逐年上升。2020 年义务教育财政性教育经费为 2.24 万亿元，占财政性教育经费的 52.3%。义务教育经费在投入总量和重点保障等方面都取得了举世瞩目的成就。

3. 公办义务教育学校办学条件不断改善

20 世纪 80 年代以来，我国九年义务教育逐步普及，国家进一步修缮和修建学校校舍，改善了义务教育学校办学条件。从 20 世纪 90 年代开始，中国的各项教育事业都进入了改革力度加大、发展速度加快的时期，各地义务教育办学条件也出现了巨大变化。很多农村地区呈现出"最好的建筑是学校"的景象，城市和经济比较发达的地区涌现出许多具有现代化水平的学校。2020 年，全国普通小学（含教学点）校舍建筑面积达 84 577.25 万平方米，比上年增加 2 950.92 万平方米。设施设备配备达标的学校占比情况分别为：体育运动场（馆）面积达标学校占 92.04%，体育器械配备达标学校占 96.67%，音乐器材配备达标学校占 96.39%，美术器材配备达标学校占 96.27%，数学自然实验仪器达标学校占 95.96%，各项比例比上年均有提高。初中校舍建筑面积达 7 1842.61 万平方米，比上年增加 3 879.80 万平方米。设施设备配备达标的学校比例情况分别为：体育运动场（馆）面积达标学校占 94.85%，体育器械配备达标学校占 97.55%，音乐器材配备达标学校占 97.28%，美术器材配备达标学校占 97.14%，理科实验仪器达标学校占 97.13%，各项比例较上年均有提高。[①]

第二节 财务风险

一、财务风险

所谓财务风险，就是财务收益的不确定性。理论上的财务风险主要

---

① 教育部. 2020 年全国教育事业统计公报 ［EB/OL］. （2021 – 08 – 27）http：www. moe. gov. cn/jyb – sj21.

是指财务收益低于预期的可能性。由于财务收益低于预期时很可能导致偿债能力低下，无法偿还到期债务，因此在现实工作中财务风险的含义一般是指单位丧失偿债能力的可能性。当前，财务风险已经构成民办学校办学风险的最主要方面。根据民办学校财务活动的特点，可以把财务风险分为债务风险、投资风险。

（一）债务风险

通过银行信贷是民办学校融资的主要渠道。长期以来，由于谋求学校的快速发展，民办学校纷纷利用银行贷款改善办学条件、扩大办学规模。实践证明，银行信贷的负债模式，有效解决了办学初期和扩张期民办学校的经费短缺问题，大大缩短了民办学校发展的建设周期，有力地推动了民办学校的快速发展。但是作为有偿融资手段，民办学校必须承担较高的融资成本，一旦进入还贷高峰期，极易造成资金困难。

（二）投资风险

当前，相当一部分民办学校是由企业举办的，或者说学校的举办者除了举办学校外，还经营其他产业。在名义上，民办学校和举办者企业是各自独立的法人，但在现实中，二者有着千丝万缕的联系，双方具有高度的重合性。一旦这些企业经营不善被破产清算，势必累及学校，为民办学校带来债务风险。个别民办学校举办者甚至挪用学校学费收入，投资其他产业，由于经营不善，出现资金链断裂，使民办学校陷入绝境。①

二、典型个案——东莞市尚城学校破产

（一）尚城学校破产的背景和处置概况

尚城学校是 2009 年经东莞市教育局批准开办的一所九年一贯制民办学校。截至 2019 年 4 月底，学生人数达 2 280 人。该校办学质量优异，2014—2017 年连续四年中考成绩位居东莞市第四名，2017 年被《东莞时报》评为"金口碑品牌学校"。但是尚城学校存在股东纠纷、管理混乱、背离学校办学宗旨、为他人债务提供担保、以学校为抵押进行民间借贷，导致学校背负了超过办学收费总额数倍的巨额债务。据 2014 年 9 月 1 日《南方都市报》报道，该校董事长曹某对外债务过亿，曹某涉及的诉讼案件有 22 宗，多名债权人甚至围堵学校要求还债。据

---

① 李钊. 民办高校办学风险防范研究 ［M］. 北京：社会科学出版社，2009：83.

中国执行信息公开网显示，尚城学校作为被执行人的执行信息清单曾多达15条，均为法人代表曹某以学校为抵押进行民间借贷产生，未执行金额达7 000多万元，学校2 800多万元办学经费陆续被人民法院冻结、扣划，严重干扰了教育教学秩序，社会影响恶劣。尚城学校先后两年年检被评定为不合格。东莞市教育局于2019年4月27日对尚城学校做出了停止招生的行政处罚。由于尚城学校不能清偿到期债务且资产不足以清偿全部债务，债权人向法院提出对尚城学校进行破产清算的申请。①

2019年5月17日，东莞市第一人民法院裁定受理尚城学校破产清算案，参照《企业破产法》第二十五条规定，学校经营管理权全部移交由管理人行使。为妥善处置尚城学校资金链断裂问题，全力维护学校师生和广大家长权益，南城街道成立多个功能小组，由教育部门会同各有关职能部门迅速行动，全力做好事件处置工作：第一时间组织召开尚城学校家长代表见面会和学校教职工会议，通报尚城学校被法院裁定受理破产清算的最新情况以及街道党委、办事处维护家长和师生权益的各项应急处置措施，听取家长和教职工代表的意见、建议和诉求；启动维护尚城学校本学期正常运作应急专项资金，保障本学期教职工工资发放、师生正常餐费和学校办公经费；为保障学生合法权益，解决尚城学校进入破产程序后有转学意愿的学生的读书问题，当地政府协调了两所民办学校，于2019—2020学年第一学期（自9月份开始）安置至接收学校。如新校学杂费高于尚城学校，则按照尚城学校收费标准收费，差额由街道和接收学校共同补贴至学生毕业。通过采取上述措施后，尚城学校和当地社会总体平稳，没有发生群体事件。②

（二）尚城学校破产原因分析

尚城学校破产的原因既不是旧城改建拆迁，也不是生源不足和办学条件不合格，而是财务危机。从前文提供的信息来看，导致尚城学校爆发财务危机的原因主要有以下几方面。

1. 学校本身缺乏风险管控理念

学校与其他单位不同，学校发展好坏、管理是否规范，涉及许许多多的家庭和学生，将影响学生今后的发展和人生观、社会观。同时学校

---

①② 赵海鹰，申屠新飞. 民办学校财务风险防范对策研究［J］. 商业会计，2019（22）：117－120.

作为教育机构，资产变现偿债能力比较弱，因此不宜作为担保人对外担保。在现实生活中，因给其他单位或个人担保导致自身深陷债务危机的案例层出不穷，如2011年温州爆发金融危机的重要原因就是担保，但是尚城学校股东的风险管控意识薄弱，并没有吸取相应教训，导致了破产悲剧的发生。①

2. 法律法规不完善

在现实中，由于学校资产具有公益性，处置时涉及学生的安置和社会的稳定，因此金融机构一般不承认学校的担保能力和抵押能力。但是在民间，普遍认可学校的担保能力和抵押能力，这是尚城学校与其他相关单位和个人之间签署了多起担保协议和抵押协议的根源，也是尚城学校银行账户多达2 800万元资金被法院扣划的原因，直接导致了尚城学校资金链的断裂。因此从法律角度看，各级法院有必要深入研究学校资产担保、抵押行为的有效性，尽早从法律层面予以明确，从而更有效地规范和指导整个社会的各类融资行为。②

3. 相关部门的监管不到位

冰冻三尺非一日之寒，尚城学校在管理上的问题早已初现端倪。从相关媒体公布的信息看，破产前尚城学校董事长的股东身份就已遭到其他股东的质疑，而且深陷债务纠纷。遗憾的是相关部门并没有采取相应的纠正举措。据媒体报道，早在2009年5月28日，东莞市南城区宣教办、东莞市桂禾实业投资有限公司（以下简称"桂禾公司"）及深圳某房地产公司签订资金监管协议书，由南城区宣教办负责对东莞市尚城学校幼儿园学生教育成本费用的监管。所托管的学费以学期为单位，南城区宣教办以尚城学校幼儿园首期满员收取学费总额的20%作为办学风险金，余下的80%根据学校开支预算分两次划拨，用于学校发放教职工工资和日常开支。在此期间，桂禾公司曾先后两次向南城区宣教办提出尚城学校安全隐患情况汇报和学费监管申请，但并未得到回应。众所周知，资金监管的目的在于确保资金安全和合理合规使用，防止资金被挪用和贪污。如果学校出现问题了、资金被非法使用了才开始监管，那么这种监管是没有意义的。③

---

①②③ 赵海鹰，申屠新飞. 民办学校财务风险防范对策研究［J］. 商业会计，2019（22）：117－120.

第三节　政策风险

在教育政策制定和执行的过程中，受到政策制定者有限理性的制约，政策最终的执行效果与政策目标之间可能会存在危害性差异，即教育政策风险。由此可以看到，教育政策风险的产生主要是由于教育政策制定和执行过程中的不确定因素所引发的。教育政策风险过高会导致政策目标难以实现，政策效能低下，政策生命周期缩短，甚至可能会造成重大的灾难性后果。所以，要在政策制定过程中对政策风险进行科学的评价和预测，从而降低教育政策风险。这种在教育政策决策之前，依照某种法则并采取一定方法对教育政策风险进行评价和预测的过程就是教育政策风险评估。它既是保证教育政策顺利实施、促进教育政策目标得以实现、减少教育政策负效应的重要手段，又是教育政策制定与实施过程的重要保障环节，也是教育政策决策的重要内容。[①]

一、分类管理前：政策不完善

2002 年《民办教育促进法》颁布后，民办教育进入了法治化、制度化、规范化的轨道。但是长期以来民办教育面临的问题非常多，董圣足将其概况为十大问题。

第一，法人类属问题。民办学校在旧民法的法律框架下被列入民办非企业单位，没有可以参照的属性，使得民促法规定的民办学校很多的优惠政策难以落实。学校不是企业，难以自由定价自主开设专业，也不能按照企业的方式组织管理；又不是事业单位，在土地划拨、税收减免、公共资金资助等方面没有和公办学校享有同等的待遇，所以，法人类属问题一直是管理中最大的难题。

第二，产权归属问题。在《民办教育促进法》修订前，民办学校在法律上属于非营利组织，从法律上界定最终财产不归出资人所有。所以在原有的法律框架下，产权归属处于一种未定待定的状态，制约了大

---

① 刘海滨，杨颖秀. 我国教育政策风险评估问题及消解策略 ［J］. 现代教育管理，2011 （12）：56－59.

资本、大企业、大产业投资教育，因为财产有风险，所以这个问题制约了民办教育的发展。

第三，合理回报问题。旧民促法第五十一条"出资人可以从办学结余里获取合理回报"，但民办学校法律属性上是非营利法人，法人登记机关——民政系统规定不能分配结余。直到 2016 年 11 月 7 日《民办教育促进法》修订之前，宏观层面没有出台民办学校合理回报的具体办法，会计制度也很难落实，这是影响出资者办学积极性的很大因素。

第四，政策适用问题。民办学校因为营利与非营利没有分开，很多优惠政策难以落实。《国家中长期教育改革和发展规划纲要（2010—2020 年)》制定当中，财政部门不同意在国家层面设立民办教育财政专项资金，他们的理由是举办者有责任出资，有责任维护学校的投入。税务部门也存在误判，认为合理回报就是利润，就应该缴纳企业所得税，所以税收优惠政策没有在宏观层面解决。

第五，教师身份问题。民办教师在很多地方登记为工人，而公办教师是事业编制，待遇相差很大从而不利于民办学校教师队伍的建设。

第六，退出问题。民办学校进得来、出不去，只有通过举办者变更这一条路。现在变更严格管理，很难实现产权流转，举办者更替难以完成。

第七，内部治理问题。不少举办者认为，办学校和办企业是没有差别的，不仅应该享有学校的结余分配权，也享有学校剩余财产的索取权，导致管理企业化、内部控制和资本雇佣劳动等问题。

第八，财会制度问题。

第九，市场监管问题。

第十，政府服务问题。

以上十大问题最根本的就是法人属性不清，导致非营利学校享受不到法定优惠政策，而带有营利性质的学校又不能面向市场、自主办学；导致民办学校教师身份不明、待遇不公，造成民办学校"人难进、人难用、人难留"；导致产权制度及回报机制缺损，对出资者权益保护不力，制约了更多社会资源转化为教育资源；造成政出多门、管理混乱，法律法规与行政规章不一致、不协调，影响了法制权威性和统一性。①

---

① 董圣足. 民办教育面临的十大突出问题［EB/OL］.（2022 – 03 – 26）［2022 – 05 – 01］. http://www. shmbjy. org/item – detail. aspx?NewsID = 15738.

二、分类管理后：地方政策落地难

2016 年 11 月 7 日，第十二届全国人民代表大会常务委员会第二十四次会议第二次修正的《民办教育促进法》，明确了对民办学校按照非营利性和营利性进行分类管理，这从法律上破解了困扰民办学校的法人属性不清、财产归属不明、扶持措施难以落实等瓶颈问题，拓展了民办教育的发展空间。2016 年 12 月，《国务院关于鼓励社会力量兴办教育　促进民办教育健康发展的若干意见》（以下简称《若干意见》）印发，教育部等部委联合印发《民办学校分类登记实施细则》和《营利性民办学校监督管理实施细则》，初步形成了民办教育改革的顶层设计框架，同时针对现实问题回应了民办学校的诉求，明确了促进和规范民办教育发展的价值导向，这对促进民办学校发展、提高办学质量、规范办学行为将产生深远影响。我国民办教育发展步入了一个新的历史阶段。

随着国家层面改革顶层设计的完成，地方配套政策的制定落实和分类管理的落地成为关键。然而，从已经出台的地方配套政策和推进分类管理的进展看，存在不少问题：一是地方配套政策制定质量差异明显，部分配套政策操作性、创新性不足；二是各地推进现有民办学校分类登记力度不够；三是对非营利性民办学校的政策支持力度不够。

第六章　防范和应对风险的策略

第一节　政府在防范和应对风险中的角色和路径

一、树立风险意识

深入学习习近平总书记关于防范化解重大风险重要论述，贯彻落实中央关于加强新形势下重大决策社会稳定风险评估工作的部署及省委有关要求，切实做好规范民办义务教育发展工作中相关决策的稳评工作，从源头防范矛盾风险的产生。全面开展风险研判，系统梳理风险点，落实风险防范措施，形成风险评估报告。加强对民办教育分类管理改革过程中风险的研判识别和预警处理力度，依法保障相关主体的合法权益。对可能引起的舆情炒作，提前制定引导预案，为规范工作顺利开展营造良好的舆论氛围，确保各项措施平稳有序落地。

二、全面加强民办义务教育学校党的建设

加大民办学校党组织组建力度，实现党组织和党的工作全面覆盖，做到哪里有党员哪里就有党组织，哪里就有党组织和党员作用的充分发挥。把党组织书记队伍建设作为抓好民办学校党建工作的重中之重，加强选拔培养、教育培训和管理监督，努力提高整体素质和履职能力。坚持把政治标准放在首位，按照政治素质过硬、熟悉党建工作，懂教育善管理、有奉献精神的要求，选优配强民办学校党组织书记。党组织要突出学生良好思想品德养成，推动学校把爱党、爱祖国、爱社会主义教育贯穿各项工作中，抓细抓小抓实，使之在学生心中生根发芽，为培养德智体美全面发展的社会主义建设者和接班人奠定基础。

三、规范民办学校办学行为

认真核实民办义务教育学校基本办学条件达标情况。对基本办学条件不达标、专职教职工数量不足、招生规模扩充过快、存在大校额大班额的学校，要限期整改，并依据相关标准控制办学规模、核减招生计划，确保学校教育教学质量。按照"谁审批、谁负责"的原则，将民办义务教育学校招生纳入审批地统一管理，与公办学校同步招生。进一步加强对民办义务教育学校招生工作的指导和管理，完善民办义务教育学校招生简章及公告的备案管理办法，统一规范学校报读民办义务教育学校的方法和途径。

四、完善内部治理体系

对民办学校的章程等制度体系建设情况，理事会（董事会）、监事会、教代会等组织机构运行情况，举办者依法按章参与学校办学和管理情况，校长依法独立行使教育教学和行政管理职权情况进行检查。严格重大事项变更要求，包括举办者、董事会成员、办学地址、名称、层次等重大事项变更须报审批机关核准或备案。规范办学许可证管理，落实真实有效、持证办学。

五、落实学校法人财产权

严格依法落实民办学校法人财产权，加快将举办者承诺投入民办学校的资产、学校管理和使用的土地、设施设备、建筑物等资产过户至学校名下的进度。

六、加大财务监管力度

建立健全民办义务教育学校财务管理和内部审计监督制度，规范学校经济行为，监督举办者按时、足额履行出资义务，禁止民办义务教育学校与利益关联方进行交易。依法依规加强对民办义务教育学校财务行为全流程监管，落实非营利性法定要求，加强学校银行账户备案管理和监督。加强民办教育行业组织党的建设，深化政府"放管服"改革，积极发挥民办教育行业组织在承接政府购买服务、推动交流合作等方面的重要作用，健全监督机制，推动民办教育行业组织制定行业标准，加强行业自律。规范学校收费。

【案例】

加大财务监管力度典型做法：
宁波市对市本级民办学校的经费使用进行统一管理

2021 年 3 月，宁波市为进一步规范民办学校办学行为，加强民办学校财务管理与监督，制定《宁波市本级民办学校财务监管实施办法（试行）》。

（一）建立监管专用账户。

专用账户中设立教师发展基金（按每学期学宿费收入的 5% 计提），设立学校运行最低存款保证金（重资产运营学校每学期学宿费收入的 5%，没有将校舍和重要固定资产登记在学校名下的轻资产运营学校每学期学宿费收入的 10% 作为学校运行最低存款保证金，留抵在监管专用账户）。学杂费、住宿费等费用的缴纳，可采取网上银行、手机银行转账汇款形式，微信或支付宝二维码扫码的形式缴入监管专用账户。学校基本存款账户用于日常运行经费支付核算。纳入市教育局监管的市本级民办学校须开设监管专用账户和基本存款账户。监管专用账户先行纳入财务管理中心统一管理。

（二）对市本级民办学校的经费使用进行统一管理，并纳入审计范围。

1. 民办学校的监管专用账户，实行资金收支全面事前监管模式。财政性资金由学校申请，财务管理中心审核后，进行在线支付。监管专用账户同时具有学生学杂费、住宿费的收缴作用。学校收费按照《浙江省民办教育收费管理办法》执行。学校财务于每学期开学初每周上报学生缴费情况表并与财务管理中心核对监管银行存款余额（按班级、收费标准明细汇总列报），后面零星学生缴费的及时与中心沟通上报。

2. 教师发展基金按每学期学宿费收入的 5% 计提。基金应用于一线教职员工的职业激励和待遇保障，使用前先由学校上报基金使用具体内容，交财务管理中心备案，然后提出支付申请，财务管理中心审核通过后进行在线支付。

3. 学校运行最低存款保证金由财务管理中心通过监管账户按规定比例从学宿费中进行提取，实行每学期期初预提，期末按实收学宿费总金额清算，以此保证学校运行最低存款保证金重资产运营达到每学期学宿费收入的5%以上，没有将校舍和重要固定资产登记在学校名下的轻资产运营学校每学期学宿费收入的10%以上。

4. 民办学校的基本存款账户，实行日常账务事后核销管理为主，事前预算管理为辅相结合的监管模式。每学期期初，学校将支出预算（如工资福利费用、水电费、培训费等等）报财务管理中心备案，财务管理中心于每学期期初和期中分两次将学宿费等收入总额留抵5%教师专用基金、5%~10%学校运行最低存款保证金后的剩余部分经费从监管专用账户拨至基本存款账户，学校按支出预算进行日常业务支付。业务发生的凭证，学校须在月中、月末上传，次月15日前学校要上传上月的套账、报表，财务管理中心对有关支出事项有疑问的，学校需上传相关原始凭证、资料等。

5. 民办学校基本存款账户的大额支出（除日常工资、绩效工资、社保、水电费等常规支出外）采取事前备案、事后结报的管理模式。货物类、服务类50万元及以上大额支出、工程类100万元及以上大额支出应提前1周向财务管理中心报备支出项目方案、经费预算，项目结束后需上传合同或协议等资料、项目支付内容明细以及相关辅助材料，对大额支出项目进行业务结报。

（三）市教育局在财务管理中心设立市本级民办学校财务管理专职人员，主要职责为：

1. 对民办学校监管专用账户、学校运行最低存款保证金、教师专用基金和基本存款账户等开展监管；

2. 指导做好民办学校的经费预算和决算管理；

3. 做好民办学校关联交易的备案管理和监督；

4. 建立健全民办学校资产清算制度，协助和指导民办学校开展财务清算等工作；

5. 对纳入财务监管的民办学校做好财务信息、商业机密的保密工作。

七、支持师资队伍建设

促进民办教育健康发展，建立一支高素质、稳定的教师队伍是关键。严格落实民办学校教师在资格认定、职称评审、培养培训、课题申报、评优表彰、休息休假、国际交流等方面与公办学校教师享受同等待遇。革新社会保障制度，建立政府、学校及社会组织等多主体共同承担民办学校的教师退休保障机制，提高民办学校教师在医疗、住房、养老等方面的保障水平，缩小并实现民办学校教师与本地区同类公办学校教师的退休待遇大体相当。

【案例】

支持师资队伍建设典型做法：
深圳市建立民办中小学教师长期从教津贴制度

深圳市为进一步提升民办中小学教师队伍素质，留住优秀人才，稳定教师队伍，鼓励优秀教师在本市民办中小学长期从教，于 2017 年 7 月制定了《深圳市民办中小学教师长期从教津贴实施办法》，建立了民办中小学教师长期从教津贴制度。

（一）享受从教津贴对象。为现正在本市民办中小学校教学岗位工作，且符合下列条件的专任教师：

1. 在本市民办中小学连续任教 3 年以上，其中在现学校连续任教满一个学年以上；

2. 具有相应的教师资格证或符合国家规定的其他任职资格证；

3. 在本市民办中小学连续任教期间已参加社会保险。

4. 近 3 年年度考核"称职"以上。

从教时间计算至教育行政部门制定的中小学校历学年结束时间。学年结束前离职的不予发放。从教津贴每年按 12 个月计发，每学年发放一次，每次发放 12 个月。各区教育行政部门（含新区公共事业局，以下统称区教育行政部门）应做好教师从教津贴的资格审查的组织工作，确保从教津贴在学年结束前发放到位。

（二）从教津贴标准。

连续从教 3 年（即 36 个月）以上的，从第 4 年（即第 37 个月）开始发放从教津贴，发放标准为：连续从教满 3 年的，每人每月 450 元；自 3 年以上每满 1 年的，每人每月增加 150 元，增加金额累计至从教满 10 年止；10 年以上的，按照从教满 10 年计发。

实施从教津贴后，各学校不得降低或抵扣教师原有工资福利待遇，对发现有降低或抵扣教师原有工资福利待遇情况的学校，由市、区教育行政部门责令限期整改，并视情节轻重，从当年起 3 年内取消该校申报各项奖励和资助资格。各区教育和财政部门可根据本区实际，在不低于全市标准的前提下，确定发放条件和发放标准，制定具体的实施办法和其他奖励性政策。

第二节　民办学校防范和应对风险的策略
——三所民办学校的个案分析

一、建构学校品牌发展的多元平台：广州市实验外语学校应对风险挑战的经验[①]

（一）广州市实验外语学校基本情况

广州市实验外语学校（原广州市广外附设外语学校）创办于 1993 年 9 月，是一所十二年一贯制全寄宿中小学。学校现有中小学生近 6 000 人，教职工 800 余人，占地面积 320 亩。学校是教育部审核认定的全国首批 13 所具有推荐保送生资格的外语学校之一、全国外国语学校工作研究会理事学校、全国优秀民办中小学、广东省一级学校、广东省德育示范学校、广东省中小学心理健康教育特色学校、广东省十佳民办中小学、广东省信息化中心学校建设成效优秀学校、中央电化教育馆中小学虚拟实验教学实验校、中国 STEM 教育 2029 创新行动计划种子学校、广州市普通高中新课程实验样本学校、广州市全国智慧教育示范区建设支撑校、中国教育学会教育实验研究会基地、广东省外语教研及培训基地、国际英文口语考试定点考场等，承担多项国家、省、市教育科研重点课题。

---

① 该案例材料由广州市实验外语学校姚小平、谢仁发提供。

经历了从无到有、从有到优、稳步发展的艰苦历程，学校的办学质量特别是三位一体的人才培养模式和成果得到社会各界的充分肯定。《人民日报》、《中国教育报》、《羊城晚报》、《南方日报》、广东电视台、广州电视台等新闻媒介多次报道学校办学情况。

（二）学校生存发展面临的风险和挑战

教育是时间的，必须直面历史的沿袭；教育是空间的，不必拒绝世界的碰撞。正确的教育理念和教育策略的选择，来自于对教育现状的把握，来自于对教育的过去和未来的洞悉，来自于对教育相关元素的认知和统筹。

要真正了解学校及其教育所面临的使命，必须对当代中国教育的位置及背景进行深刻的探讨。

1. 时代对学校发展提出新的要求

随着 21 世纪的到来，人类的文明形态发生了深刻的变化，历经狩猎文明、农业文明和工业文明，历史的滚滚车轮已经驶入信息文明时代。一个重视未来、立足变革、强调发展的时代已经到来，一个知识自助的时代已全面来临。工业 4.0 和 5G 的世界，在人们不断地创造、建设下将逐步变为现实。面对新的时代，机遇与挑战并存，如何使新一代国民具有优异的国际竞争力，是每一所中国学校必须回答的严峻课题，教育也必须随之做出自己的嬗变。

2. 民办学校的竞争更加激烈

改革开放 40 多年来最为瞩目的成就，就是公民家庭收入的提高，人们的物质生活得到极大的改善。人们生活水平的提高同时促进了公民对子女教育的更高层次需要，人们有条件、有能力为子女选择更加优质的教育。而公办教育的局限及有限性，不能满足人们日益增长的、多元的教育需求。纵观各国教育，莫不如此。经过近 30 年的发展，中国民办教育不仅数量众多，办学形式也更加多元。这些变化无疑给民办教育带来更加激烈的竞争。

3. 教育领域的发展新理念

民办教育，唯有走优质特色发展和品牌建设之路才有发展，这种理念深入人心。而这一切，又进一步促进教育参与者如民办教育投资者、民办教育管理者、教师等对教育系统的进一步认识、理解、探索与实践。例如，学校是一个信息交流与汇集的场所，学校是一个服务机构而不仅是个事业单位。在这一理解基础之上，学校的产品是课程、管理、硬件设施而非学生。学生和家长，是学校的服务对象……这些认知的改变，必将极大地影响学校的办学理念、办学措施的改变。满足服务对象的需求、为用户创造价值成为民办教育最核心的追求。

（三）为品牌注入新的发展内涵

1．传统品牌项目平台

经过近 30 年的发展，学校已形成一系列的品牌影响力。如学校"轻负荷、重质量"的生本教学特色，"先成人、后成才"，"活动育人"的德育特色，十二年一贯制的体艺特色，英语为主、小语种为辅的外语特色，国际化人才培养特色，拓宽国际视野的校本课程特色，多元出口特色等，都已受到国内包括教育部领导、各专家、社会各界的认可。但是，这些成绩的取得，是近 30 年探索、实践的结果，只能代表过去。然而时代在变化，学校发展亦如逆水行舟，不进则退，在打造传统特色品牌的同时，我们必然要找到新时代学校发展之路。身处信息时代，信息技术对整个社会的影响已经深入到社会的方方面面，教育当然不能例外。未来学校的发展，即是学校教育与信息技术融合的发展。

2．智慧教育与学校办学理念的融合与实践

学校的教育理念为"培养走向世界的现代人"。为了实现这一办学理念，学校多年来建构了完整的发展系统：以学生发展为目标，以教师发展为前提，以学校发展为保障，建立一个动态开放的发展系统。在开放的社会系统实践中，使被教育者具备面向世界与未来的民族素质、知能水平、价值取向、人格追求和实践能力。智慧教育生态系统的探索、实践，正是教师发展、学生发展的保障性建设，也是未来学校发展的必然趋势。

（1）互联网：资源共享成为可能。

（2）检索功能：按某一目的搜集整理信息成为可能。

（3）资源平台：海量资源。

（4）交互平台：交互平台重新定义了个人教学、学生学习的空间及形式，如腾讯会议、钉钉、希沃白板、翼课网、智学网等。这些交互平台的使用，打破现有学习空间、时间的限制，为教学过程提供了更多的可能。

（5）大数据分析：可以整体把握、个性分析那些被忽略的细节。

（6）平板等终端设备：摆脱了纸笔等工具性限制。

理清以上要素，为我们实施智慧教育明确了工具使用的方向和方法。

3．智慧教育生态系统建构

（1）理念：建构学校管理、教学、生活与信息技术相融合的便捷、高效的校园智慧生态系统。

（2）平台：场室的硬件平台、管理的沟通平台、培训的学习平台、教学的应用平台、资源的共享平台等。

（3）程序：项目负责制的分步推进。

4．智慧课堂的生态构建

建构以学生发展为中心的智慧课堂生态系统：智慧课堂环境建设、学法指导学会学习、生本教学模式建构、教师应用技能培训、精准数据评价反馈、云资源库不断更新……

重点打造：智慧课堂、专递课堂、"双师"课堂、VR 虚拟实验室、STEM 教育、创客、科技教育……

（1）网络学习空间智慧教学系统。

资源库系统：包含基础资源、生成性资源、共建共享、资源审核、资源评价、统计分析和资源获取七大模块。其中基础资源包含微课库、试卷库和素材库三个系统内容。

智慧教学系统：包含备课、集体备课、互动授课、作业辅导、主题讨论、学情跟踪、错题本、教学计划和消息互动九大模块。

学校教学管理：包含系统设置、教辅管理（上传教辅和使用教辅）、新闻通知（新闻资讯和校园通知）、教师档案、用户管理（教师管理和学生管理）、班级管理、教学数据分析、教学活动管理、课表管理和操作日志十大模块。

智慧测评系统：包含学校考务管理、测评库、在线测评、智能组卷、智能答题卡、智能阅卷、在线评卷、试卷批注、试卷讲评、自主学习、成绩统计分析、错题本和家校互动十三大模块。

（2）智慧教育平台（SaaS 云平台）进入智慧课堂。

通过建设智慧教育平台提高学校教育信息化水平，探索人工智能技术在学校的有效使用途径，形成校本模式。

（3）与联通合作 5G 智慧校园基础平台建设。

包括校园网、应用机房、数据中心、大数据平台、云平台、信息安全建设、5G 应用（如 5G ＋智慧图书馆）、远程互动教学、虚拟沉浸式教学等内容。

（4）可信教育数字身份（教育卡）普及使用。

优于传统一卡通的校园情境运用与生活相融合的社会情境运用，全面建构学校品牌发展的多元平台，尤其是智慧教育生态系统的建构，为学校发展选好方向，也只有坚定不移地走特色发展品牌建设之路，赢得良好的社会口碑，为消费者创造价值，才是学校应对当下形势的有效法宝。

二、实现规范和高质量发展：广州市黄埔区华外同文外国语学校应对风险挑战的经验[①]

（一）华外同文外国语学校基本情况

广州市黄埔区华外同文外国语学校（以下简称"华外外校"）于 2015 年由同文教育集团与华南师范大学合作举办。学校位于广州市黄埔区科学城，现有在校生 2 300 多名，教职工 600 多名。学校秉承"融汇中外、卓尔不群"的校训，坚持"启发潜能、培育全人"的办学宗旨和"更中国、更世界"的办学特色，7 年来取得了令人瞩目的办学成果。学校是华师大教育联盟中唯一一所获得 IBO（国际文凭组织）颁发 IB 国际课程双认证的学校，亦是广州首家开办港澳子弟班的民办学校。学校注重五育并举、因材施教，先后获得"全国青少年校园冰雪运动特色学校""广东省中小学艺术教育特色学校""首批广州市教育国际化窗口学校培育建设单位"等荣誉称号，历年中考成绩位居黄埔区前列，小学六年级连续两年学业水平测试在黄埔区排名第一，已成为广州市一所特色鲜明、教学质量好、国际化程度高的九年一贯制优质民办学校，得到华师大、地方政府以及社会各界的广泛好评。

（二）新法新政背景下学校面临的风险与挑战

1. 国家政策日益收紧

第一，2021 年 9 月 1 日新修正的《民办教育促进法实施条例》正式施行，明确禁止"公参民"，公办学校不得仅以品牌输出方式参与办

---

① 该案例材料由同文教育研究院李柏羲、赵啸波提供。

学。根据要求，学校于 2021 年 11 月完成名称变更申请审批，由"广州开发区华南师范大学附属外国语学校"更名为"广州市黄埔区华外同文外国语学校"，正式与华南师范大学品牌脱钩。学校由于已经办学 7 年，教学质量、办学特色在本地已经形成较好的口碑和影响力，因此，校名变更对于学校的实际影响并不大，但对于一些办学历史短、品牌尚未建立的"公参民"学校，名称变更后受到的冲击则比较大。

第二，明确义务教育民办学校"原则上不得跨区招生"，制约了民办义务教育学校的招生范围。2021 年 3 月 2 日，广州市教育局发布了《关于进一步做好义务教育招生入学工作的通知（征求意见稿）》（以下简称《通知》），虽然明确了"有寄宿条件且确有跨区招生需求的民办学校可按不超过总计划 50% 进行跨区招生"，为学校按规跨区招生提供了政策依据，但该《通知》有效期仅 3 年，3 年后受该政策影响，民办学校将面临生源不足的风险。

第三，明确禁止关联交易。"实施义务教育的民办学校不得与利益关联方进行交易。其他民办学校与利益关联方进行交易的，应当遵循公开、公平、公允的原则，合理定价、规范决策，不得损害国家利益、学校利益和师生权益。"现实当中，民办义务教育学校普遍存在关联交易，禁止关联交易对于学校举办者的挑战很大。未来，学校举办者要做好关联交易的整改工作，进一步规范办学行为。但从现阶段来看，要确保这一政策能够有效落地实施，还需要教育主管部门充分运用教育审计、财务监管等措施加强督促管理。

2. 市场竞争愈加激烈

第一，区域国际化办学氛围浓郁，市场竞争压力较大。作为"世界窗口"的粤港澳大湾区，国际化学校数量接近 230 所，可谓遍地开花。仅 2021 年粤港澳大湾区就有近 20 所国际化公办、民办学校开学，其中广州就达 6 所。2022 年粤港澳大湾区近 10 所国际化公办、民办学校开学，其中广州就有 4 所。不断新增的国际化学校，快速分流了原有国际学校的生源。

第二，公办学校增加，分流优质师资和生源。随着国家和地方政府逐年加大教育财政投入，新的公办学校与日俱增。2022 年广州将新增公办学位超 6 万个，到 2025 年，广东将新增 76 万个学位，其中义务教育学位将达 68 万个。区域公办学校和学位的显著增加，对于民办学校而言，将面临优质师资的招聘难度和在职教师流失人数"双增加"的风险。同时，区域公办学校优质学位的增加，将吸引更多优质生源报读，在一定程度上冲击了民办学校生源。

第三，生育率显著下降，市场生源面临收缩。近年来生育率出现了断崖式下跌，许多城市的民办教育会面临 3～5 年后自幼儿园到小学、进而到初高中生源逐年下降的趋势风险。广州作为粤港澳大湾区的核心城市，虽然近年来人口仍能保持稳定的净流入，但如果生育意愿普遍下降的大趋势得不到扭转，广州的民办学校未来恐怕也将面临生源逐年减少、生源竞争更加激烈的风险。

3．内部风险与挑战

客观而言，华外外校目前最大的风险与挑战是教师队伍不够稳定。一是由于区域公办学校教师工资福利的持续大幅度提升，对于民办学校稳定师资带来重大影响，尽管学校近年不断加大投入提高教师待遇，但与当地公办学校教师收入相比，仍然存在差距；二是政府一直以来对民办学校教师队伍的有效扶持不够，造成民办学校教师与公办学校教师长期处在不公平的地位，特别是职称评审、师资培训、科研立项等方面难以和公办学校一视同仁。

（三）学校实现规范和高质量发展的经验与做法

1．加强党组织建设，依法依规办学

华外外校始终把加强党组织建设摆在首要位置。2020 年，经中共广州市黄埔区教育局机关委员会批准，学校正式成立了党支部，并于 2021 年 4 月 25 日完成支部委员选举工作。目前，党支部现有党员 27 人，下设支部委员 3 人，党小组 3 个。学校党支部在上级党委的正确领导下，以团结全体党员为根本，以服务师生为宗旨，以党建工作为基础，以制度建设为保障，以思想引领为灵魂，努力创设各种载体，利用各种阵地，开展党员学习、宣传、实践等活动。学校还积极落实了"三会一课"制度，组织党史教育专题活动、黄埔区红联共建系列活动、参观革命遗址和爱国主义教育基地等活动。学校党支部还曾于 2021 年入选成为黄埔区、广州开发区第一批红联共建小组单位，多位教师先后获得区五星级党员荣誉称号和校优秀党员荣誉称号。

华外外校始终坚持以爱国主义教育为主线、以日常行为规范教育的同时，坚决贯彻落实依法依规办学。学校从校领导做起，发扬民主，把依法治校作为学校的立校之本；强化师德，把依法施教作为兴校之源；规范管理，把依法办学作为强校之魂。加强教育法制建设，积极推进依法治校、依法执教进程，推动学校依法办学，规范管理，建立健全学校的规章制度，认真贯彻落实教育部"双减"工作文件精神，促进学校教育教学环境健康发展，适应现代化建设发展的新形势。

2. 坚定非营利办学，积极参与社会公益事业

学校举办者始终把教育作为一项公益性事业用心投入、精心育人，不要求回报，不谋求个人利益。办学 7 年来，华外外校始终坚持党的领导和社会主义办学方向，坚持非营利性的办学宗旨，坚持"取之于学，用之于学"，把每一分钱都用在学生身上，办学经费全部用于学校建设与滚动发展。

学校还积极参与教育公益事业，并引导学生亲身参与公益慈善、关注社会，建立社会责任感。在岭南教育慈善基金的大力支持下，学校还设立了专项基金，先后组织学生和家长志愿者深度参与公益慈善活动，在孩子心中播种下爱的种子。2016 年学校正式启动了"温暖计划"项目并坚持每年举办直到现在，与粤东西北地区贫困农村学校进行结对帮扶，向广大学子传递"让身边充满爱，让爱温暖需要的人"的人间大爱。

3. 加大软硬件投入，提升办学品质

学校实施小班化教学，班额不超过 30 人，师生比约为 1∶7，远高于国家标准，为因材施教创造了良好条件。学校高度重视教师专业发展，出台了校内专业职称评定制度，打造教职员工晋升通道，让通过校内职称评审取得中、高级职称的教师享受到相应的工资待遇，有效提升了教师队伍稳定性。同时，从 2019 年开始连续三年较大幅度提高教师工资水平，在区域内同类学校中遥遥领先，与当地公办学校教师收入差距逐步缩小。为了帮助教师提升科研能力，学校建立教科研管理制度，成立课题研究小组，广泛发动教师自主开展小课题研究。学校还全面推进智慧化校园建设，先后引进并整合教务管理、教学辅助、学生成长记录、班级管理、智能阅卷、教学评价、健康管理等软件系统，有效辅助和提升了教学效率。学校先后被评为苹果杰出学校、希沃学校，在 iPad 数字化辅助教学、教育信息化应用等方面硕果累累。

硬件方面，办学 7 年以来，学校的教学设施设备逐年更新完善，实

现了课室多媒体教学设备100%全覆盖。根据学校发展状况，学校先后高标准改造风雨运动场、小剧场、舞蹈室、午休室等专用场室；扩建食堂、图书馆、学生服务中心；新建符合国际标准的生化实验室，不断完善硬件设施，为师生提供更优质的教学设备与资源，保障学校的高质量发展。

4. 树立先进的办学理念，构建多元融合的课程体系

华外外校坚持立德树人为根本任务，全面贯彻落实党和国家的教育方针，以启发潜能教育理论和全人教育理论作为学校办学的主导思想，并将这一主导思想浓缩为"启发潜能，培育全人"的办学宗旨。学校重视学生核心素养的培养，促进中华传统文化和世界多元文化相融合，彰显"更中国、更世界"的办学特色，弘扬"融汇中外、卓尔不群"的校训精神，旨在培养全面发展、特长突出的时代新人和世界公民，建设温馨友善、令人向往的优质学校。坚持"更中国"，就是把立德树人、培养社会主义优秀建设者和可靠接班人作为根本任务，为党育人、为国育才；坚持"更世界"，就是坚持双语教学和多元化办学，融合世界先进的教育理念、方法、课程、师资等，培养学生人类命运共同体、共享共赢与和平发展的意识和价值取向，立志为人类的进步做出贡献。

自学校开办以来，华外外校逐步构建了多元融合的课程体系，以国家核心课程为主线，对中外优质的课程进行有机整合，开设学生自主选择的进阶式校本拓展课程和探究课程。初中阶段开设了西班牙语、德语、法语、日语和韩语作为第二外语选修课。学校在2017年通过了美国Cognia认证（原AdvancED认证）和美国大学理事会（College Board）的注册；2020年通过了IB PYP和MYP的官方认证，成为华师大教育联盟校（50多所）唯一一所取得IB课程双认证的学校。由专家引领构建的"华外外校九年一贯多维外语课程体系"，取得相应知识产权，并在教育教学实践中得到深入贯彻实施。学校由此获得广东教育学会民办教育专业委员会授予的"广东特色教育品牌学校"称号。

5. 打造经验丰富的领导团队和多元融合的师资队伍

学校校领导多数来自深圳、湖北、江苏等基础教育发达地区，具有较长时间担任校领导的实践经历，其中创新融合部负责人均具有海外学习经历和境外任教经验。

华外外校现有专任教师团队260人（含外教），其中硕士及博士占

30%以上，以"双一流"师范类本科生和研究生为主；创新融合部一半以上教师具有海外学习经历和硕士以上学历。同时学校设立有同文教育研究院，汇聚了一批国内知名教育专家，加强对青年教师科研、教学等方面能力和技能的培训。

学校每年从全球数以千计的应聘者中精心挑选和培育了一支高学历、高素质、国际化的中小学教师队伍，从教育理念、价值观、专业素质、学历背景、教学能力、个人综合素质等多方面对候选人进行评估和甄选，并优先从具有国际学校、国内知名学校或外国语学校工作经验者，或国内外知名院校毕业生中选拔。同时不断通过专业培训提升教师的素养和能力，让广大教师成为学校立足黄埔、树立品牌的核心竞争力。

6. 设立同文教育研究院，助力学校教师专业发展

同文教育研究院是华外外校举办方同文教育集团创设的教育智库和研究平台。同文教育研究院坚持用世界眼光研究教育问题，用中国行动推动教育创新，致力于以客观的立场开展教育研究、致力于教育成果的孵化与转化，聚集教育行业的多元智慧，以务实行动追求更好的教育、兴办更理想的教育，推动中国教育升级提质。

同文教育研究院智库由教育行业众多知名专家、教授组成，教育智库专家通过研究教育领域综合性、战略性、前瞻性及热点、难点问题，为同文教育集团提供决策咨询和工作建议。同文教育研究院为学校构建"四个平台"：教育标准化建立与输出平台、教育教学成果孵化与展示平台、人才培养平台和家校合作平台。

三、走以质量提升和特色培育为主题的内涵式发展之路：东莞市光明中学应对风险挑战的经验①

（一）东莞市光明中学基本情况

东莞市光明中学是一所完全中学，创办于 2003 年，隶属于光正教育集团，是东莞市教育局直属的民办公助学校。初中部现有学生 7 720 人，143 个教学班。专任教师 455 人，其中特级教师 1 人，南粤优秀教

---

① 该案例材料由光正教育集团涂润宇提供。

师 1 人，高级教师 85 人，一级教师 191 人；教师均为本科及以上学历，其中硕士研究生 28 人；中青年教师约占教师队伍总人数的 60%。

学校奉行"以诚信服务社会，以爱心培育人才"的办学宗旨，秉承"人本、自主、合作、高效"的教学理念，大力推进"导学练案"，打造高效课堂，中考成绩有较大幅度的提升，2016 年后已位居东莞市的前列。师生参加各类竞赛，累计获得国家级奖 668 项、省级奖 877 项、市级奖 1 240 项。

学校初步摸索了"以美育人、全面发展"的特色办学经验，《南方都市报》、《东莞日报》、东莞电视台、阳光网等媒体先后做过专题报道，社会反响良好。"素质教育"的品牌，在东莞有口皆碑，每年吸引了 2 万多名小学毕业生慕名报考。目前，学校已获得"东莞市高效课堂实验学校""广东省现代教育技术实验学校""广东省书法教育名校""东莞市篮球传统项目学校""东莞市健美操传统项目学校"等荣誉称号，被定为"广东省数学奥林匹克培训基地""广东省青少年篮球培训基地""清华大学体育特长生培训基地"。

（二）面临的困境与挑战

东莞地处中国改革开放的前沿，近 20 年来，人口净流入一直排名全国前列。公办基础教育资源逐渐无法满足迅猛增长的学位需求，这为民办教育提供了发展的沃土。得益于天时地利，光明中学得以蓬勃发展，2003 年创办当年，初中部就招收了初一新生 20 个教学班，学生 1 100 多人，至 2013 年学生达到 7 700 多人，成为全市第二个特大规模的初中部。2014 年后，受校园场地所限，学校的发展战略由规模扩张转变为质量提升。

近几年来，我国民办教育尤其是民办义务教育学校的办学环境面临着系统性变革。自 2020 年起，我国全面实施民办义务教育公民同招、电脑派位、审批地管理招生新政。进入 2021 年，在国家层面，有关民办义务教育的重大政策频出。此外，为贯彻落实中央关于民办义务教育的各项政策和要求，各级地方政府也相继颁布了相关的落实政策。

在上述政策的多重影响下，民办义务教育学校面临多重挑战。

1. 公办学校提质扩容，家长的选择面越来越广

东莞是外来人口流入大市，也是民办基础教育大市。截至 2019 年年底，全市民办学校总数超过 1 200 所。《南方都市报》曾报道，到

2017 年年底，东莞经批准开办的民办学校有 1 171 所（不含高校），占全市学校总数的 70.4%；在校生约 96.1 万人，占全市在校生总数的 64.9%。民办学校数量和在校学生数都超过公办学校。

2020 年 2 月 3 日，东莞市政府印发《东莞市关于加快公办中小学建设的实施意见》的通知，聚焦教育投建和学位供给的瓶颈问题，开展教育扩容提质千日攻坚行动，推动新建改扩建 227 所公办中小学，增加学位 33.99 万个，其中义务教育阶段学校 196 所，增加学位 28.11 万个。至 2022 年，力争完成学校建设项目 126 个，增加学位 15.68 万个，其中义务教育阶段项目 104 个，增加学位 12.74 万个。

2. 限制民办办学规模

最近，东莞市教育局给光明中学初中部下达了规模压缩的任务，之后三年，学生规模控制在 5 400 人以内，每年初一要减少招生 800 人。

3. 摇号政策，再不可掐尖招生

光明中学、光明小学办学特色注重全面发展，社会美誉度较高，是莞邑百姓子弟向往的优质民办学校。新政前，学校通过组织小升初考试，可以提前网罗一批外校的尖子生。光明中学初一招收两千多名学生，往往能吸引 2 万多名学生参加考试，录取比例 10∶1。新政后，教育局组织统一摇号，所有学校一视同仁，光明中学初中部在招生方面就没有了优势。

4. 教师的流动性加剧

不同于公办学校，教师的流动性是民办学校不可回避的一个话题，光明中学是东莞市教育局直属学校，2017 年之前，教师的薪资待遇与公办学校相差不大，教师队伍相对稳定。但近几年，随着公办教育投入的加大，公办中小学教师的薪资水平不断调整，民办学校教师的工资还是原地踏步，差距进一步拉大，因而年轻教师考公办的积极性居高不下。据不完全统计，近两年初中部就有 22 名骨干教师考入了公办学校。

5. 同质化竞争严重

东莞的民办学校基数大，教师的流动性也不小，所以同质化竞争非常激烈。光明中学有先发优势，在教学、德育、管理等方面积累了不少的经验，也涌现了不少业务过硬的人才。一些新办学校，为了短期内出成绩，博得家长的青睐，不惜重金从光明中学等成熟学校猎尖挖团队。2021 年，光明中学初中部就被挖走了 1 位行政、3 位级长。

（三）思路和做法

教育新政实施后，民办学校该怎样生存、怎样发展？这是每一个民办教育工作者都必须思考的问题，尤其是民办学校的管理层，都要研究新政，顺势而为，寻求新的生存策略，探索新的发展思路。民办学校以规模扩张和粗放经营为主要特征的外延式发展已成为历史，新政倒逼民办学校转向，要走以质量提升和特色培育为主题的内涵式发展之路。

1. 提升师资水平

教师的教育教学综合水平，决定了学校的教学质量和教学成果。光明中学初中部特别注重教师梯队培养，专门成立教师发展中心，试图打造光明最强的师资和管理团队，抢占学校发展的制高点。

首先，引领青年教师练好十项教学基本功：一练"说"功，使语言生动准确，富有感染力；二练"写"功，板书板图清晰美观，富有启发性；三练"析"功，能透析教材教纲，用好、用活教材；四练"知"功，准确知晓和把握学情，增强教学的针对性；五练"激"功，善于刺激学生的好奇心，激发学习兴趣；六练"导"功，善于启发、引导各种层次的学生学习；七练"降"功，善于降低学生学习的难度；八练"破"功，善于指导学生审题、破题；九练"策"功，善于策划各种群体的学生活动；十练"创"功，善于指导学生活化知识、创新知识，当好教练。

其次，引领班主任自觉强化对学生的"安全、健康、学习、成长、发展"负责等五个责任，力使每个学生平安、身心健康、学业进步、人格健全，都能成为社会的有用之才；引领班主任锤炼"了解学生、欣赏学生、沟通学生、引导学生、管理学生、转化学生、评价学生、激励学生"等八项基本功，提升"爱心育人、情感育人、榜样育人、活动育人、班风育人"等五个基本技能，优化"培养学生干部、营造班级文化、培育先进榜样、组织班级活动、分层谈话激励"等五个班主任工作常规，把班级建设成学生幸福成长的摇篮。

再次，引领骨干教师过好十个专业关口，向名优教师方向迈进：一是理解教师使命，过好职业道德关；二是更新教育观念，过好思想理念关；三是苦练教学技能，过好教学水平关；四是规范教学行为，过好教学常规关；五是走进学生心灵，过好班级育人关；六是改革应试教育，过好备考复习关；七是构建三个体系，过好特尖辅导关；八是优化授课

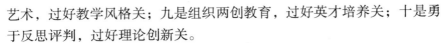

艺术，过好教学风格关；九是组织两创教育，过好英才培养关；十是勇于反思评判，过好理论创新关。

2．创新课程建设

课程是育人的媒体。课程的价值在于为学生构建知识、能力、态度及情感和谐发展的基础。光明中学初中部积极实施"阳光教学"，目前除开齐开足国家课程外，还积极探索并初步建立起"扬长发展，多元评价"的 AC 课程（即自主课程）体系。AC 课程可分为以下两大类。

一是 AC—s 课程，即特长培养课程，就是各类竞赛课程，包括数学、自然科学、术科竞赛和常规团体项目竞赛，目的是弘扬培养学生的特长、锻炼学生的健康活力、公平竞争和团队精神。

二是 AC—e 课程，即兴趣拓展课程，包括各类生活素养课、文化辅导课、理想教育课、社团小组课等等，把兴趣相投的学生聚在一起活动，目的是培养学生的自立意识、创新精神。

目前，AC 课程已开设了管乐团、古筝、合唱、街舞、书法、国画、形体、健美操、跆拳道、击剑、高尔夫、机器人、编程、创客、木工设计、国际象棋、播音与主持、演讲与口才、种植、摄影、烹饪、日语、韩语、德语、法语等一百多门自主课程。丰富的 AC 课程体系，基本形成了国家课程与 AC 课程双轮驱动的课程特色，惠及每一个学生，较好地提高了学生的学习兴趣，拓宽了学生的知识视野，在培养学生综合能力方面迈开了一大步，较好地破解了"课程大于课堂""会学大于会教"两个不等式。

3．推进"阳光德育"

光明中学初中部把"立德树人"作为教育的根本任务，积极构建"精神引领、才智展示、心理对话、健康平安"四大平台，开展丰富多彩的参与式、体验式的"阳光德育"活动，力图使学生成长的每一步都走得稳健扎实，较好地破解了"成长大于成才"的不等式。

为提升学生自我教育、自主管理的能力，培养学生现代公民的素养和学者的气质，学校以讲座培训、团辅课程、工作实践为主要培养途径，通过指导每一位学生在实践活动中合理设定集体目标、个人目标，实施目标驱动，促进学生在实践中不断成长。

4．优化中考备考

光明中学初中部引领初三教师研究性备考，走出题海战术、疲劳战术的误区，力图优质、高效地备考。

备考方向精准化。引领初三教师加强中考考纲、考卷、双向细目表、考题、参考答案、评分标准的研究，准确把握中考的广度、深度和难度，浓缩中考备考范围。做到夯实必考点（教材的核心知识，年年都考查），抓实密考点（教材的重点知识，大多数年份都考查过），落实常考点（教材的主干知识，经常考查），覆盖疏考点（教材的一般知识，不常考），抛弃盲考点（教材的边缘知识，中考未曾考过）。

备考方略素质化。引领学生"自学、自问、自练、自查、自理、自研、自悟、自构"，全面提升应试素质。尤其是通过"预后回悟、课后回悟、练后回悟、错后回悟、章后回悟、考后回悟"等六个回悟，实现研究性备考，变"低效的时间＋汗水"为"高效的素质＋科学"，减少做题数量，提升解题质量。

备考方法适性化。使备考的目标和方法真正能适应、适合每一个学生。一是目标适性化。根据学生的基础，制定了各种类型班的升学目标、分数要求、训练题难易比例和备考的能力要求。二是课堂适性化。针对学生的问题，教其所需，辨其所疑，解其所惑，正其所误，使学生堂堂课有所得。三是用题适性化。引导教师依据学情，辨别学生的得分题、争分题、丢分题，慎用超纲超标题。巩固得分题，猛攻争分题，抛弃丢分题，少用难题，禁用超纲题，慎用超标题。四是辅导适性化，建立辅导对象的错题档案，通过分析错误的原因，先找到成绩增长点，再寻求成绩提升的关键措施，后量身定制辅导方案。

5．加强人本教育

光明中学初中部力图以完整的现代教育塑造高素质的现代人，不仅看重每个学生学业的进步，更加关注学生综合素质的提升。经过多年教育实践的探索，创设了八项素养的人本教育模式，加强人本素质教育，为学生的终身发展打下坚实的基础。

八项素养的内容是：掌握交往的基本礼仪，会说一口标准的普通话，会写一手好字，会说一口流畅的日常英语，掌握信息技术的基本技能，有一门自己喜爱的学科，有一项艺术特长，有一项自己喜爱的健身运动。

为落实八项素养的教育，学校开设了形体、跆拳道、心理、礼仪、卫生、书法、通技等校本课程，成立了辩论社、街舞社、音乐社、书法社、棋社、跆拳道社等多个课外活动小组，丰富多彩的八项素养教育活动，全面提升了学生的综合素质。

实行双证毕业制度。学生需同时具备八项素养合格证和学业成绩合格证，才允许毕业。

主要参考文献

一、著作类

［1］周海涛，等. 中国教育改革开放 40 年：民办教育卷［M］. 北京：北京师范大学出版社，2019.

［2］何东昌. 中华人民共和国教育史：上卷［M］. 海口：海南出版社，2007.

［3］何东昌. 中华人民共和国教育史：下卷［M］. 海口：海南出版社，2007.

［4］范国睿，等. 从规制到赋能：教育制度变迁创新之路［M］. 上海：华东师范大学出版社，2018.

［5］薛二勇，等. 中国教育改革回溯与前瞻：改革开放以来中国教育政策的变迁与趋势［M］. 武汉：湖北教育出版社，2018.

［6］余雅风，蔡海龙，等. 中国教育改革开放 40 年：政策与法律卷［M］. 北京：北京师范大学出版社，2019.

［7］汪霞. 发达国家义务教育发展现状［M］. 南京：南京大学出版社，2012.

［8］施克灿，林钧，等. 中国教育改革开放 40 年：义务教育卷［M］. 北京：北京师范大学出版社，2019.

［9］李钊. 民办高校办学风险防范研究［M］. 北京：社会科学出版社，2009.

［10］卢彩晨. 危机与转机：从民办高校倒闭看民办高等教育发展［M］. 广州：广东高等教育出版社，2009.

［11］林玉体. 美国教育思想史［M］. 北京：九州出版社，2006.

［12］董圣足，等. 民办学校分类管理配套制度及过渡措施研究［M］. 上海：立信会计出版社，2022.

［13］宋乃庆，陈婷，张辉蓉. 中国教育改革 40 年：义务教育［M］.

北京：科学出版社，2018.

[14] 周志刚. 现代化视野下的私立中学研究（1902—1936）［M］. 北京：中国社会科学出版社，2015.

[15] 张远凤，邓汉慧，徐军玲. 非营利组织管理：理论、制度与实务［M］. 北京：北京大学出版社，2016.

[16] 杨海. 风险社会：批判与超越［M］. 北京：人民出版社，2017.

[17] 贝克. 风险社会：新的现代性之路［M］. 张文杰，何博闻，译. 南京：译林出版社，2018.

[18] 沃斯. 非营利管理：原理与实务［M］. 3 版. 韩莹莹，张强，王峥，译. 广州：华南理工大学出版社，2016.

[19] 刘山. 日本近代普及义务教育研究［M］. 北京：人民出版社，2016.

[20] 郭洪水. 当代风险社会：基于哲学存在论与复杂系统论的研究［M］. 北京：中国社会科学出版社，2015.

[21] 谢安邦，曲艺. 外国私立教育［M］. 北京：中国社会科学出版社，2003.

[22] 李清刚. 公共管理视域下的民办教育政策研究［M］. 广州：暨南大学出版社，2014.

[23] 周洪宇，等. 教育公平论［M］. 北京：人民教育出版社，2010

[24] 王名，李勇，黄浩明. 美国非营利组织［M］. 北京：社会科学文献出版社，2012.

[25] 税兵. 非营利法人解释：民事主体理论的视角［M］. 北京：法律出版社，2010.

[26] 戴伊. 理解公共政策［M］. 北京：中国人民大学出版社，2009.

[27] 宁本涛. 中国民办教育产权研究［M］. 济南：齐鲁书社，2003.

[28] 王瑜. 美国义务教育均衡发展研究［M］. 桂林：广西师范大学出版社，2015.

[29] 刘建银. 准营利性民办学校研究［M］. 北京：北京师范大学出版社，2010.

[30] 刘岩. 风险社会理论新探［M］. 北京：中国社会科学出版社，2008.

[31] 王绍光. 多元与统一：第三部门国际比较研究［M］. 杭州：浙

江人民出版社，1999.

[32] 吉登斯. 失控的世界 [M]. 周红云，译. 南昌：江西人民出版社，2001.

[33] 胡卫. 民办教育的发展与规范 [M]. 北京：教育科学出版社，2000.

二、期刊类

[1] 汪杰峰，孙玉丽. 民办学校与政府的利益博弈：破解民办学校发展的困境 [J]. 当代教育科学，2009（17）：12-16.

[2] 方建锋. 民办学校营利性和非营利性分类管理的实证分析 [J]. 教育发展研究，2011（24）：19-35.

[3] 邹巍，张学敏. 我国公共教育资源资助民办中小学的管理学意义探析 [J]. 西南师范大学学报（自然科学版），2011（2）：134-137.

[4] 赵敏. 民办学校教师质量的问题与改进：兼论《国家中长期教育改革和发展规划纲要（2010—2020年）》的政策契机 [J]. 教育理论与实践，2012（28）：23-28.

[5] 贾建国. 我国民办教育发展的制度非均衡分析 [J]. 教育学术月刊，2012（10）：36-39.

[6] 刘国艳. 三十年来我国基础教育制度变迁的回望与分析 [J]. 河北师范大学学报（教育科学版），2012（8）：40-43.

[7] 别敦荣. 论民办教育发展的第三条道路 [J]. 华中师范大学学报（人文社会科学版），2012（3）：137-142.

[8] 李清刚，李柏宁. 民办学校教师流动问题探讨 [J]. 教育理论与实践，2013（11）：14-16.

[9] 刘胜男. 我国民办教育制度演变中的路径依赖困境及出路：从制度变迁的视角分析 [J]. 现代教育管理，2013（5）：49-54.

[10] 周海涛. 以深化综合改革增强民办教育发展活力 [J]. 教育研究，2014（12）：109-114.

[11] 周海涛，张墨涵. 完善民办学校税收分类优惠政策的思考 [J]. 教育与经济，2014（5）：25-30.

[12] 王文源. 深水区教育改革背景下的民办教育顶层制度设计 [J].

北京师范大学学报（社会科学版），2014（4）：5－10.

[13] 王文源. 民办教育顶层制度设计之争［J］. 高教发展与评估，2014（4）：1－10.

[14] 郑富兴. 论民办基础教育的二元结构与分类管理［J］. 四川师范大学学报（社会科学版），2014（5）：84－89.

[15] 李文章. 民办教育分类管理研究述评［J］. 大学教育，2014（10）：116－119.

[16] 周海涛，景安磊. 民办学校教师队伍建设面临的问题及其成效［J］. 当代教师教育，2015（3）：7－11.

[17] 孙霄兵. 民办学校的依法治理［J］. 中国高教研究，2015（11）：7－12.

[18] 姬华蕾，张维平. 非营利性民办学校分类扶持政策探讨：推进分类管理配套政策制定的视角［J］. 浙江树人大学学报（人文社会科学版），2015（4）：7－12.

[19] 潘奇. 对我国民办教育政府扶持体系建构路径的分析［J］. 复旦教育论坛，2015（4）：82－86，112.

[20] 刘珍. 营利性民办学校制度建设的探索：以温州民办教育改革为例［J］. 中国教育学刊，2015（12）：75－80.

[21] 劳凯声. 民办学校分类管理的问题及其解决途径［J］. 教育学报，2016（5）：3－13.

[22] 钱欣欣，杨挺，罗亚. 我国民办教育资助政策探析［J］. 教育评论，2016（1）：62－65.

[23] 单大圣. 非营利性民办学校治理机制设计［J］. 浙江树人大学学报（人文社会科学版），2017（6）：7－11.

[24] 张旸，吴婷婷. 新中国成立70年义务教育供给的变迁逻辑与展望［J］. 中国教育学刊，2019（10）：36－41.

[25] 张旸，吴婷婷. 我国义务教育供给的变迁研究［J］. 现代教育管理，2020（12）：35－41.

[26] 王务均. 美国公益教育的理论基础、路径选择与经验启示［J］. 黑龙江高教，2013（2）：52－55.

[27] 褚宏启. 光荣与梦想：建立公平高校的教育新秩序［J］. 中国教育学刊，2008（10）：1－7.

［28］李波，黄斌，汪栋. 回顾与前瞻：中国义务教育财政体制 70 年［J］. 华中师范大学学报（人文社会科学版），2019（6）：35 – 44.

［29］杨卫安. 新中国城乡义务教育关系的演进路线与政策谱系［J］. 四川师范大学学报（社会科学版），2020（4）：94 – 101.

［30］宋乃庆，贾璞. 中国基础教育发展 100 年：走向公平与质量的教育［J］. 西南大学学报（社会科学版），2021（3）：127 – 139.

［31］王明建，杜成宪. 新中国 70 年的教育成就［J］. 河北师范大学学报（教育科学版），2019（6）：25 – 31.

［32］龚鹏飞. 新中国中小学学制改革：历程、特点与愿景［J］. 教育史研究，2021（2）：41 – 51.

［33］黄兴胜，黄少成. 中国共产党成立百年践行教育公平的历程、成就与启示［J］. 清华大学教育研究，2021（4）：18 – 27.

［34］施克灿. 历史的先声：中国共产党革命根据地的小学教育［J］. 中小学管理，2021（6）：14 – 19.

［35］丁秀棠. 义务教育阶段"公参民"学校：问题与治理：基于合法性与合理性的视角［J］. 教育科学研究，2020（11）：17 – 22.

［36］吴华，胡威. 公共财政为什么要资助民办教育？［J］. 北京大学教育评论，2012（2）：43 – 55.

［37］余秀兰. 教育改革的风险及其防范［J］. 教育发展研究，2009（3）：59 – 62

［38］潘希武. 教育发展的时代内涵：基于资本逻辑超越的视域构造［J］. 教育学术月刊，2020（7）：3 – 7，24.

［39］徐睿. 社会资本进入义务教育的"适度性"分析及建议：基于成都与台湾地区及"北上广"等城市的比较［J］. 现代中小学教育，2017（4）：5 – 9.

［40］熊庆年，吴正霞. 教育社会风险略论［J］. 教育发展研究，2010（11）：63 – 67.

［41］黄河. 私立学校：竞争优势与教育公平：经合组织（OECD）的研究及其启示［J］. 教育发展研究，2019（6）：28 – 34.

［42］王一涛. 义务教育"公民同招"政策的制定、执行与路径优化：兼论我国民办教育政策变迁［J］. 教育与经济，2021（5）：

58 – 65.

[43] 李虔，郑磊. 新时代民办义务教育的改革逻辑与发展空间 ［J］. 中国教育学刊，2021（9）：1 – 6.

[44] 方建锋. 义务教育阶段"公参民"学校规范治理的内在理路与未来走向 ［J］. 中国教育学刊，2021（9）：14 – 19.

[45] 阙明坤，顾建民. 提升民办义务教育治理现代化水平的框架设计与立法突破 ［J］. 中国教育学刊，2021（9）：7 – 13.

[46] 古翠凤. 民办基础教育政策变迁路径分析 ［J］. 内蒙古师范大学学报（教育科学版），2008（12）：17 – 19.

[47] 张雪蓉. 新中国成立 60 年来民办教育发展的历史变迁与反思 ［J］. 教育与职业，2009（30）：16 – 19.

[48] 李清刚. 我国民办基础教育政策的回顾与前瞻 ［J］. 湖北社会科学，2008（4）：172 – 176.

[49] 阙明坤，谢锡美，董圣足. 民办学校分类管理：现实挑战与突围路径 ［J］. 中国教育政策评论，2018（9）：194 – 213.

[50] 刘荣飞，董圣足. 义务教育领域推行 ppp 办学模式：动因、问题与策略 ［J］. 教育发展研究，2020（Z2）：40 – 45.

[51] 董圣足. 新政背景下民办学校分类转设的困局与出路：基于浙江温州的实践探索及思考 ［J］. 现代教育管理，2020（9）：38 – 45.

[52] 吴华，姬华蕾. 论民办教育对国家教育发展的独特贡献 ［J］. 华东师范大学学报（教育科学版），2020（10）：69 – 77.

[53] 李虔. 美国私立义务教育发展观察 ［J］. 教育研究，2020（10）：62 – 72.

[54] 乔锦忠，等. 2020—2035 年我国义务教育阶段资源配置研究 ［J］. 华东师范大学学报（教育科学版），2021（12）：59 – 80.

[55] 赵海鹰，申屠新飞. 民办学校财务风险防范对策研究 ［J］. 商业会计，2019（22）：117 – 120.

[56] 刘海滨，杨颖秀. 我国教育政策风险评估问题及消解策略 ［J］. 现代教育管理，2011（12）：56 – 59.

[57] 李军. 当前美、英、日等国私立教育政策分析与借鉴 ［J］. 中国民办教育研究，2003（00）：198 – 216.

附录1　非营利性办学背景下义务教育阶段
民办学校风险防范调查问卷（举办者）

1. 您举办学校的类型［单选题］

选项	小计	比例	
小学	87		32.46%
初中	12		4.48%
九年一贯制学校	169		63.06%
本题有效填写人次	268		

2. 学校批准设立的时间［单选题］

选项	小计	比例	
2016年11月7日之前	249		92.91%
2016年11月7日之后	19		7.09%
本题有效填写人次	268		

3. 学校所在的区域［单选题］

选项	小计	比例	
珠三角地区市辖区、县城	139		51.87%
珠三角地区农村	70		26.12%
粤东西北地区市辖区、县城	45		16.79%
粤东西北地区农村	14		5.22%
本题有效填写人次	268		

4. 学校是否已完成非营利性登记 [单选题]

选项	小计	比例	
是	195		72.76%
否	73		27.24%
本题有效填写人次	268		

5. 举办学校的初始资金来源 [单选题]

选项	小计	比例	
自有资金	205		76.49%
贷款	48		17.91%
其他	15		5.60%
本题有效填写人次	268		

6. 2016 年 11 月以前，学校是否提取过合理回报 [单选题]

选项	小计	比例	
有	86		32.09%
没有	182		67.91%
本题有效填写人次	268		

7. 学校招生情况 [单选题]

选项	小计	比例	
学位供不应求	66		24.63%
可以完成招生计划	138		51.49%
无法完成招生计划	64		23.88%
本题有效填写人次	268		

8. 学校教师年流失率 [单选题]

选项	小计	比例	
低于 10%	123		45.9%
10% ~ 20%	107		39.93%
20% ~ 30%	34		12.69%
30% 以上	4		1.49%
本题有效填写人次	268		

9. 学校运行经费来源于 [多选题]

选项	小计	比例	
学费收入	251		93.66%
举办者自有资金	147		54.85%
银行贷款	76		28.36%
其他	15		5.60%
本题有效填写人次	268		

10. 教职工工资福利支出占学费总收入的比例 [单选题]

选项	小计	比例	
低于 20%	7		2.61%
20% ~ 40%	35		13.06%
40% ~ 60%	99		36.94%
60% ~ 80%	98		36.57%
80% 以上	29		10.82%
本题有效填写人次	268		

11. 学校债务情况 ［单选题］

选项	小计	比例	
没有债务	108		40.30%
债务是学费总收入的50%以下	123		45.90%
债务是学费总收入的50%~80%	20		7.46%
债务是学费总收入的80%以上	17		6.34%
本题有效填写人次	268		

12. 学校享受财政性资金支持 ［单选题］

选项	小计	比例	
很多	0		0%
有一些	90		33.58%
很少	128		47.76%
没有	50		18.66%
本题有效填写人次	268		

13. 学校经费支出由大到小排序 ［排序题］

选项	平均综合得分
教职工工资福利	6.6
校舍和土地租金	4.85
仪器设备购置和维护	4.25
基建	4.1
教学业务与管理	3.36
水电等杂费	2.24
教师培训	2.22

14. 您对教师参加培训的看法［单选题］

选项	小计	比例	
支持，愿意给予经费和时间保障	219		81.72%
支持，但经费应当自理，利用业余时间	48		17.91%
不支持	1		0.37%
本题有效填写人次	268		

15. 分类管理实施后，义务教育阶段只能登记为非营利性民办学校，这对您继续举办民办学校［单选题］

选项	小计	比例	
没有影响	84		31.34%
有正面影响，举办民办学校的积极性更强了	38		14.18%
有负面影响，举办民办学校的积极性减弱了	146		54.48%
本题有效填写人次	268		

16. 您认为义务教育民办学校的非营利性质是否有利于学校长远发展［单选题］

选项	小计	比例	
有利	92		34.33%
不利	141		52.61%
没有影响	35		13.06%
本题有效填写人次	268		

17. 学校健康可持续发展的影响因素 ［矩阵量表题］

该矩阵题平均分：4.41

题目\ 选项	1 非常不重要	2 不重要	3 一般	4 重要	5 非常重要	平均分
师资	8（2.99%）	0（0%）	4（1.49%）	29（10.82%）	227（84.70%）	4.74
管理	8（2.99%）	0（0%）	3（1.12%）	45（16.79%）	212（79.10%）	4.69
举办者	9（3.36%）	3（1.12%）	18（6.72%）	76（28.36%）	162（60.45%）	4.41
学校所在区位	8（2.99%）	9（3.36%）	63（23.51%）	105（39.18%）	83（30.97%）	3.92
政府扶持政策	7（2.61%）	3（1.12%）	12（4.48%）	62（23.13%）	184（68.66%）	4.54
招生形式	6（2.24%）	5（1.87%）	43（16.04%）	95（35.45%）	119（44.40%）	4.18
教研科研	6（2.24%）	3（1.12%）	16（5.97%）	105（39.18%）	138（51.49%）	4.37
小计	52（2.77%）	23（1.23%）	159（8.48%）	517（27.56%）	1125（59.97%）	4.41

18. 您认为影响办学的风险 ［矩阵单选题］

题目\ 选项	没有风险	风险很小	一般	风险较大	风险极大
政策不确定性	2（0.75%）	5（1.87%）	21（7.84%）	87（32.46%）	153（57.09%）
生源市场	3（1.12%）	6（2.24%）	61（22.76%）	129（48.13%）	69（25.75%）
财务债务	6（2.24%）	15（5.6%）	78（29.1%）	107（39.93%）	62（23.13%）
教师流失	3（1.12%）	13（4.85%）	59（22.01%）	127（47.39%）	66（24.63%）
质量下滑	1（0.37%）	5（1.87%）	32（11.94%）	121（45.15%）	109（40.67%）
租金压力、成本提高	5（1.87%）	7（2.61%）	58（21.64%）	113（42.16%）	85（31.72%）
公办学校竞争	8（2.99%）	10（3.73%）	99（36.94%）	85（31.72%）	66（24.63%）

续上表

题目 \ 选项	没有风险	风险很小	一般	风险较大	风险极大
其他民办学校竞争	6（2.24%）	14（5.22%）	118（44.03%）	94（35.07%）	36（13.43%）
学校管理和治理	4（1.49%）	10（3.73%）	44（16.42%）	108（40.30%）	102（38.06%）

19. 最近几年，您是否有扩大办学规模的打算 [单选题]

选项	小计	比例
保持现有规模	132	49.25%
立足现有学校，扩大招生	94	35.07%
举办更多所民办学校	25	9.33%
收缩办学规模	9	3.36%
停止举办学校	8	2.99%
本题有效填写人次	268	

20. 在举办民办学校以外，是否有其他的实业 [单选题]

选项	小计	比例
有	113	42.16%
没有	155	57.84%
本题有效填写人次	268	

21. 您认为民办学校是否可以做到真正的非营利 [单选题]

选项	小计	比例
可以	87	32.46%
做不到	181	67.54%
本题有效填写人次	268	

22. 您认为现阶段影响学校发展的体制性障碍有 [多选题]

选项	小计	比例	
法律法规难以落实	160		59.70%
监督管理不到位	65		24.25%
政策缺乏连续性	203		75.75%
行政干预过多	186		69.40%
其他	28		10.45%
本题有效填写人次	268		

23. 您认为学校的内部风险来源于 [多选题]

选项	小计	比例	
学校办学定位偏差	159		59.33%
学校法人治理不健全	91		33.96%
教学管理混乱	141		52.61%
生源不足	155		57.84%
财务管理混乱	84		31.34%
债务	89		33.21%
本题有效填写人次	268		

24. 您认为学校发展正处于 [单选题]

选项	小计	比例	
爬坡期	110		41.04%
上升期	94		35.07%
停滞	34		12.69%
萎缩	17		6.34%
陷入危机	13		4.85%
本题有效填写人次	268		

25. 您对义务教育阶段民办学校发展前景所持态度是 ［单选题］

选项	小计	比例	
乐观	36		13.43%
谨慎乐观	151		56.34%
有些悲观	66		24.63%
很悲观	15		5.60%
本题有效填写人次	268		

附录2　中华人民共和国民办教育促进法

（2002 年 12 月 28 日第九届全国人民代表大会常务委员会第三十一次会议通过　根据 2013 年 6 月 29 日第十二届全国人民代表大会常务委员会第三次会议《关于修改〈中华人民共和国文物保护法〉等十二部法律的决定》第一次修正　根据 2016 年 11 月 7 日第十二届全国人民代表大会常务委员会第二十四次会议《关于修改〈中华人民共和国民办教育促进法〉的决定》第二次修正　根据 2018 年 12 月 29 日第十三届全国人民代表大会常务委员会第七次会议《关于修改〈中华人民共和国劳动法〉等七部法律的决定》第三次修正）

第一章　总　　则

第一条　为实施科教兴国战略，促进民办教育事业的健康发展，维护民办学校和受教育者的合法权益，根据宪法和教育法制定本法。

第二条　国家机构以外的社会组织或者个人，利用非国家财政性经费，面向社会举办学校及其他教育机构的活动，适用本法。本法未作规定的，依照教育法和其他有关教育法律执行。

第三条　民办教育事业属于公益性事业，是社会主义教育事业的组成部分。

国家对民办教育实行积极鼓励、大力支持、正确引导、依法管理的方针。

各级人民政府应当将民办教育事业纳入国民经济和社会发展规划。

第四条　民办学校应当遵守法律、法规，贯彻国家的教育方针，保证教育质量，致力于培养社会主义建设事业的各类人才。

民办学校应当贯彻教育与宗教相分离的原则。任何组织和个人不得利用宗教进行妨碍国家教育制度的活动。

第五条　民办学校与公办学校具有同等的法律地位，国家保障民办学校的办学自主权。

国家保障民办学校举办者、校长、教职工和受教育者的合法权益。

第六条　国家鼓励捐资办学。

国家对为发展民办教育事业做出突出贡献的组织和个人，给予奖励和表彰。

第七条　国务院教育行政部门负责全国民办教育工作的统筹规划、综合协调和宏观管理。

国务院人力资源社会保障行政部门及其他有关部门在国务院规定的职责范围内分别负责有关的民办教育工作。

第八条　县级以上地方各级人民政府教育行政部门主管本行政区域内的民办教育工作。

县级以上地方各级人民政府人力资源社会保障行政部门及其他有关部门在各自的职责范围内，分别负责有关的民办教育工作。

第九条　民办学校中的中国共产党基层组织，按照中国共产党章程的规定开展党的活动，加强党的建设。

第二章　设　立

第十条　举办民办学校的社会组织，应当具有法人资格。

举办民办学校的个人，应当具有政治权利和完全民事行为能力。

民办学校应当具备法人条件。

第十一条　设立民办学校应当符合当地教育发展的需求，具备教育法和其他有关法律、法规规定的条件。

民办学校的设置标准参照同级同类公办学校的设置标准执行。

第十二条　举办实施学历教育、学前教育、自学考试助学及其他文化教育的民办学校，由县级以上人民政府教育行政部门按照国家规定的权限审批；举办实施以职业技能为主的职业资格培训、职业技能培训的民办学校，由县级以上人民政府人力资源社会保障行政部门按照国家规定的权限审批，并抄送同级教育行政部门备案。

第十三条　申请筹设民办学校，举办者应当向审批机关提交下列材料：

（一）申办报告，内容应当主要包括：举办者、培养目标、办学规模、办学层次、办学形式、办学条件、内部管理体制、经费筹措与管理使用等；

（二）举办者的姓名、住址或者名称、地址；

（三）资产来源、资金数额及有效证明文件，并载明产权；

（四）属捐赠性质的校产须提交捐赠协议，载明捐赠人的姓名、所捐资产的数额、用途和管理方法及相关有效证明文件。

第十四条　审批机关应当自受理筹设民办学校的申请之日起三十日内以书面形式作出是否同意的决定。

同意筹设的，发给筹设批准书。不同意筹设的，应当说明理由。

筹设期不得超过三年。超过三年的，举办者应当重新申报。

第十五条　申请正式设立民办学校的，举办者应当向审批机关提交下列材料：

（一）筹设批准书；

（二）筹设情况报告；

（三）学校章程、首届学校理事会、董事会或者其他决策机构组成人员名单；

（四）学校资产的有效证明文件；

（五）校长、教师、财会人员的资格证明文件。

第十六条　具备办学条件，达到设置标准的，可以直接申请正式设立，并应当提交本法第十三条和第十五条（三）、（四）、（五）项规定的材料。

第十七条　申请正式设立民办学校的，审批机关应当自受理之日起三个月内以书面形式作出是否批准的决定，并送达申请人；其中申请正式设立民办高等学校的，审批机关也可以自受理之日起六个月内以书面形式作出是否批准的决定，并送达申请人。

第十八条　审批机关对批准正式设立的民办学校发给办学许可证。

审批机关对不批准正式设立的，应当说明理由。

第十九条　民办学校的举办者可以自主选择设立非营利性或者营利性民办学校。但是，不得设立实施义务教育的营利性民办学校。

非营利性民办学校的举办者不得取得办学收益，学校的办学结余全部用于办学。

营利性民办学校的举办者可以取得办学收益，学校的办学结余依照公司法等有关法律、行政法规的规定处理。

民办学校取得办学许可证后，进行法人登记，登记机关应当依法予以办理。

第三章　学校的组织与活动

第二十条　民办学校应当设立学校理事会、董事会或者其他形式的决策机构并建立相应的监督机制。

民办学校的举办者根据学校章程规定的权限和程序参与学校的办学和管理。

第二十一条　学校理事会或者董事会由举办者或者其代表、校长、教职工代表等人员组成。其中三分之一以上的理事或者董事应当具有五年以上教育教学经验。

学校理事会或者董事会由五人以上组成，设理事长或者董事长一人。理事长、理事或者董事长、董事名单报审批机关备案。

第二十二条　学校理事会或者董事会行使下列职权：

（一）聘任和解聘校长；

（二）修改学校章程和制定学校的规章制度；

（三）制定发展规划，批准年度工作计划；

（四）筹集办学经费，审核预算、决算；

（五）决定教职工的编制定额和工资标准；

（六）决定学校的分立、合并、终止；

（七）决定其他重大事项。

其他形式决策机构的职权参照本条规定执行。

第二十三条　民办学校的法定代表人由理事长、董事长或者校长担任。

第二十四条　民办学校参照同级同类公办学校校长任职的条件聘任校长，年龄可以适当放宽。

第二十五条　民办学校校长负责学校的教育教学和行政管理工作，行使下列职权：

（一）执行学校理事会、董事会或者其他形式决策机构的决定；

（二）实施发展规划，拟订年度工作计划、财务预算和学校规章制度；

（三）聘任和解聘学校工作人员，实施奖惩；

（四）组织教育教学、科学研究活动，保证教育教学质量；

（五）负责学校日常管理工作；

（六）学校理事会、董事会或者其他形式决策机构的其他授权。

第二十六条　民办学校对招收的学生，根据其类别、修业年限、学业成绩，可以根据国家有关规定发给学历证书、结业证书或者培训合格证书。

对接受职业技能培训的学生，经备案的职业技能鉴定机构鉴定合格的，可以发给国家职业资格证书。

第二十七条　民办学校依法通过以教师为主体的教职工代表大会等形式，保障教职工参与民主管理和监督。

民办学校的教师和其他工作人员，有权依照工会法，建立工会组织，维护其合法权益。

第四章　教师与受教育者

第二十八条　民办学校的教师、受教育者与公办学校的教师、受教育者具有同等的法律地位。

第二十九条　民办学校聘任的教师，应当具有国家规定的任教资格。

第三十条　民办学校应当对教师进行思想品德教育和业务培训。

第三十一条　民办学校应当依法保障教职工的工资、福利待遇和其他合法权益，并为教职工缴纳社会保险费。

国家鼓励民办学校按照国家规定为教职工办理补充养老保险。

第三十二条　民办学校教职工在业务培训、职务聘任、教龄和工龄计算、表彰奖励、社会活动等方面依法享有与公办学校教职工同等权利。

第三十三条　民办学校依法保障受教育者的合法权益。

民办学校按照国家规定建立学籍管理制度，对受教育者实施奖励或者处分。

第三十四条　民办学校的受教育者在升学、就业、社会优待以及参加先进评选等方面享有与同级同类公办学校的受教育者同等权利。

第五章　学校资产与财务管理

第三十五条　民办学校应当依法建立财务、会计制度和资产管理制度，并按照国家有关规定设置会计账簿。

第三十六条　民办学校对举办者投入民办学校的资产、国有资产、受赠的财产以及办学积累，享有法人财产权。

第三十七条　民办学校存续期间，所有资产由民办学校依法管理和使用，任何组织和个人不得侵占。

任何组织和个人都不得违反法律、法规向民办教育机构收取任何费用。

第三十八条　民办学校收取费用的项目和标准根据办学成本、市场需求等因素确定，向社会公示，并接受有关主管部门的监督。

非营利性民办学校收费的具体办法，由省、自治区、直辖市人民政府制定；营利性民办学校的收费标准，实行市场调节，由学校自主决定。

民办学校收取的费用应当主要用于教育教学活动、改善办学条件和保障教职工待遇。

第三十九条　民办学校资产的使用和财务管理受审批机关和其他有关部门的监督。

民办学校应当在每个会计年度结束时制作财务会计报告，委托会计师事务所依法进行审计，并公布审计结果。

第六章　管理与监督

第四十条　教育行政部门及有关部门应当对民办学校的教育教学工作、教师培训工作进行指导。

第四十一条　教育行政部门及有关部门依法对民办学校实行督导，建立民办学校信息公示和信用档案制度，促进提高办学质量；组织或者委托社会中介组织评估办学水平和教育质量，并将评估结果向社会公布。

第四十二条　民办学校的招生简章和广告，应当报审批机关备案。

第四十三条　民办学校侵犯受教育者的合法权益，受教育者及其亲属有权向教育行政部门和其他有关部门申诉，有关部门应当及时予以处理。

第四十四条　国家支持和鼓励社会中介组织为民办学校提供服务。

第七章　扶持与奖励

第四十五条　县级以上各级人民政府可以设立专项资金，用于资助民办学校的发展，奖励和表彰有突出贡献的集体和个人。

第四十六条　县级以上各级人民政府可以采取购买服务、助学贷款、奖助学金和出租、转让闲置的国有资产等措施对民办学校予以扶持；对非营利性民办学校还可以采取政府补贴、基金奖励、捐资激励等扶持措施。

第四十七条　民办学校享受国家规定的税收优惠政策；其中，非营利性民办学校享受与公办学校同等的税收优惠政策。

第四十八条　民办学校依照国家有关法律、法规，可以接受公民、法人或者其他组织的捐赠。

国家对向民办学校捐赠财产的公民、法人或者其他组织按照有关规定给予税收优惠，并予以表彰。

第四十九条　国家鼓励金融机构运用信贷手段，支持民办教育事业的发展。

第五十条　人民政府委托民办学校承担义务教育任务，应当按照委托协议拨付相应的教育经费。

第五十一条　新建、扩建非营利性民办学校，人民政府应当按照与公办学校同等原则，以划拨等方式给予用地优惠。新建、扩建营利性民办学校，人民政府应当按照国家规定供给土地。

教育用地不得用于其他用途。

第五十二条　国家采取措施，支持和鼓励社会组织和个人到少数民族地区、边远贫困地区举办民办学校，发展教育事业。

第八章 变更与终止

第五十三条 民办学校的分立、合并，在进行财务清算后，由学校理事会或者董事会报审批机关批准。

申请分立、合并民办学校的，审批机关应当自受理之日起三个月内以书面形式答复；其中申请分立、合并民办高等学校的，审批机关也可以自受理之日起六个月内以书面形式答复。

第五十四条 民办学校举办者的变更，须由举办者提出，在进行财务清算后，经学校理事会或者董事会同意，报审批机关核准。

第五十五条 民办学校名称、层次、类别的变更，由学校理事会或者董事会报审批机关批准。

申请变更为其他民办学校，审批机关应当自受理之日起三个月内以书面形式答复；其中申请变更为民办高等学校的，审批机关也可以自受理之日起六个月内以书面形式答复。

第五十六条 民办学校有下列情形之一的，应当终止：

（一）根据学校章程规定要求终止，并经审批机关批准的；

（二）被吊销办学许可证的；

（三）因资不抵债无法继续办学的。

第五十七条 民办学校终止时，应当妥善安置在校学生。实施义务教育的民办学校终止时，审批机关应当协助学校安排学生继续就学。

第五十八条 民办学校终止时，应当依法进行财务清算。

民办学校自己要求终止的，由民办学校组织清算；被审批机关依法撤销的，由审批机关组织清算；因资不抵债无法继续办学而被终止的，由人民法院组织清算。

第五十九条 对民办学校的财产按照下列顺序清偿：

（一）应退受教育者学费、杂费和其他费用；

（二）应发教职工的工资及应缴纳的社会保险费用；

（三）偿还其他债务。

非营利性民办学校清偿上述债务后的剩余财产继续用于其他非营利性学校办学；营利性民办学校清偿上述债务后的剩余财产，依照公司法的有关规定处理。

第六十条　终止的民办学校，由审批机关收回办学许可证和销毁印章，并注销登记。

第九章　法律责任

第六十一条　民办学校在教育活动中违反教育法、教师法规定的，依照教育法、教师法的有关规定给予处罚。

第六十二条　民办学校有下列行为之一的，由县级以上人民政府教育行政部门、人力资源社会保障行政部门或者其他有关部门责令限期改正，并予以警告；有违法所得的，退还所收费用后没收违法所得；情节严重的，责令停止招生、吊销办学许可证；构成犯罪的，依法追究刑事责任：

（一）擅自分立、合并民办学校的；

（二）擅自改变民办学校名称、层次、类别和举办者的；

（三）发布虚假招生简章或者广告，骗取钱财的；

（四）非法颁发或者伪造学历证书、结业证书、培训证书、职业资格证书的；

（五）管理混乱严重影响教育教学，产生恶劣社会影响的；

（六）提交虚假证明文件或者采取其他欺诈手段隐瞒重要事实骗取办学许可证的；

（七）伪造、变造、买卖、出租、出借办学许可证的；

（八）恶意终止办学、抽逃资金或者挪用办学经费的。

第六十三条　县级以上人民政府教育行政部门、人力资源社会保障行政部门或者其他有关部门有下列行为之一的，由上级机关责令其改正；情节严重的，对直接负责的主管人员和其他直接责任人员，依法给予处分；造成经济损失的，依法承担赔偿责任；构成犯罪的，依法追究刑事责任：

（一）已受理设立申请，逾期不予答复的；

（二）批准不符合本法规定条件申请的；

（三）疏于管理，造成严重后果的；

（四）违反国家有关规定收取费用的；

（五）侵犯民办学校合法权益的；

（六）其他滥用职权、徇私舞弊的。

第六十四条　违反国家有关规定擅自举办民办学校的，由所在地县级以上地方人民政府教育行政部门或者人力资源社会保障行政部门会同同级公安、民政或者市场监督管理等有关部门责令停止办学、退还所收费用，并对举办者处违法所得一倍以上五倍以下罚款；构成违反治安管理行为的，由公安机关依法给予治安管理处罚；构成犯罪的，依法追究刑事责任。

第十章　附　则

第六十五条　本法所称的民办学校包括依法举办的其他民办教育机构。

本法所称的校长包括其他民办教育机构的主要行政负责人。

第六十六条　境外的组织和个人在中国境内合作办学的办法，由国务院规定。

第六十七条　本法自 2003 年 9 月 1 日起施行。1997 年 7 月 31 日国务院颁布的《社会力量办学条例》同时废止。

附录3 中华人民共和国民办教育促进法 实施条例

（2004年3月5日中华人民共和国国务院令第399号公布　2021年4月7日中华人民共和国国务院令第741号修订）

第一章　总　则

第一条　根据《中华人民共和国民办教育促进法》（以下简称《民办教育促进法》），制定本条例。

第二条　国家机构以外的社会组织或者个人可以利用非国家财政性经费举办各级各类民办学校；但是，不得举办实施军事、警察、政治等特殊性质教育的民办学校。

《民办教育促进法》和本条例所称国家财政性经费，是指财政拨款、依法取得并应当上缴国库或者财政专户的财政性资金。

第三条　各级人民政府应当依法支持和规范社会力量举办民办教育，保障民办学校依法办学、自主管理，鼓励、引导民办学校提高质量、办出特色，满足多样化教育需求。

对于举办民办学校表现突出或者为发展民办教育事业做出突出贡献的社会组织或者个人，按照国家有关规定给予奖励和表彰。

第四条　民办学校应当坚持中国共产党的领导，坚持社会主义办学方向，坚持教育公益性，对受教育者加强社会主义核心价值观教育，落实立德树人根本任务。

民办学校中的中国共产党基层组织贯彻党的方针政策，依照法律、行政法规和国家有关规定参与学校重大决策并实施监督。

第二章　民办学校的设立

第五条　国家机构以外的社会组织或者个人可以单独或者联合举办民办学校。联合举办民办学校的，应当签订联合办学协议，明确合作方式、各方权利义务和争议解决方式等。

国家鼓励以捐资、设立基金会等方式依法举办民办学校。以捐资等方式举办民办学校，无举办者的，其办学过程中的举办者权责由发起人履行。

在中国境内设立的外商投资企业以及外方为实际控制人的社会组织不得举办、参与举办或者实际控制实施义务教育的民办学校；举办其他类型民办学校的，应当符合国家有关外商投资的规定。

第六条　举办民办学校的社会组织或者个人应当有良好的信用状况。举办民办学校可以用货币出资，也可以用实物、建设用地使用权、知识产权等可以用货币估价并可以依法转让的非货币财产作价出资；但是，法律、行政法规规定不得作为出资的财产除外。

第七条　实施义务教育的公办学校不得举办或者参与举办民办学校，也不得转为民办学校。其他公办学校不得举办或者参与举办营利性民办学校。但是，实施职业教育的公办学校可以吸引企业的资本、技术、管理等要素，举办或者参与举办实施职业教育的营利性民办学校。

公办学校举办或者参与举办民办学校，不得利用国家财政性经费，不得影响公办学校教学活动，不得仅以品牌输出方式参与办学，并应当经其主管部门批准。公办学校举办或者参与举办非营利性民办学校，不得以管理费等方式取得或者变相取得办学收益。

公办学校举办或者参与举办的民办学校应当具有独立的法人资格，具有与公办学校相分离的校园、基本教育教学设施和独立的专任教师队伍，按照国家统一的会计制度独立进行会计核算，独立招生，独立颁发学业证书。

举办或者参与举办民办学校的公办学校依法享有举办者权益，依法履行国有资产管理义务。

第八条　地方人民政府不得利用国有企业、公办教育资源举办或者参与举办实施义务教育的民办学校。

以国有资产参与举办民办学校的，应当根据国家有关国有资产监督管理的规定，聘请具有评估资格的中介机构依法进行评估，根据评估结果合理确定出资额，并报对该国有资产负有监管职责的机构备案。

第九条　国家鼓励企业以独资、合资、合作等方式依法举办或者参与举办实施职业教育的民办学校。

第十条　举办民办学校，应当按时、足额履行出资义务。民办学校存续期间，举办者不得抽逃出资，不得挪用办学经费。

举办者可以依法募集资金举办营利性民办学校，所募集资金应当主要用于办学，不得擅自改变用途，并按规定履行信息披露义务。民办学校及其举办者不得以赞助费等名目向学生、学生家长收取或者变相收取与入学关联的费用。

第十一条　举办者依法制定学校章程，负责推选民办学校首届理事会、董事会或者其他形式决策机构的组成人员。

举办者可以依据法律、法规和学校章程规定的程序和要求参加或者委派代表参加理事会、董事会或者其他形式决策机构，并依据学校章程规定的权限行使相应的决策权、管理权。

第十二条　民办学校举办者变更的，应当签订变更协议，但不得涉及学校的法人财产，也不得影响学校发展，不得损害师生权益；现有民办学校的举办者变更的，可以根据其依法享有的合法权益与继任举办者协议约定变更收益。

民办学校的举办者不再具备法定条件的，应当在 6 个月内向审批机关提出变更；逾期不变更的，由审批机关责令变更。

举办者为法人的，其控股股东和实际控制人应当符合法律、行政法规规定的举办民办学校的条件，控股股东和实际控制人变更的，应当报主管部门备案并公示。

举办者变更，符合法定条件的，审批机关应当在规定的期限内予以办理。

第十三条　同时举办或者实际控制多所民办学校的，举办者或者实际控制人应当具备与其所开展办学活动相适应的资金、人员、组织机构等条件与能力，并对所举办民办学校承担管理和监督职责。

同时举办或者实际控制多所民办学校的举办者或者实际控制人向所举办或者实际控制的民办学校提供教材、课程、技术支持等服务以及组织教育教学活动，应当符合国家有关规定并建立相应的质量标准和保障机制。

同时举办或者实际控制多所民办学校的，应当保障所举办或者实际控制的民办学校依法独立开展办学活动，存续期间所有资产由学校依法管理和使用；不得改变所举办或者实际控制的非营利性民办学校的性质，直接或者间接取得办学收益；也不得滥用市场支配地位，排除、限制竞争。

任何社会组织和个人不得通过兼并收购、协议控制等方式控制实施义务教育的民办学校、实施学前教育的非营利性民办学校。

第十四条　实施国家认可的教育考试、职业资格考试和职业技能等级考试等考试的机构，举办或者参与举办与其所实施的考试相关的民办学校应当符合国家有关规定。

第十五条　设立民办学校的审批权限，依照有关法律、法规的规定执行。

地方人民政府及其有关部门应当依法履行实施义务教育的职责。设立实施义务教育的民办学校，应当符合当地义务教育发展规划。

第十六条　国家鼓励民办学校利用互联网技术在线实施教育活动。

利用互联网技术在线实施教育活动应当符合国家互联网管理有关法律、行政法规的规定。利用互联网技术在线实施教育活动的民办学校应当取得相应的办学许可。

民办学校利用互联网技术在线实施教育活动，应当依法建立并落实互联网安全管理制度和安全保护技术措施，发现法律、行政法规禁止发布或者传输的信息的，应当立即停止传输，采取消除等处置措施，防止信息扩散，保存有关记录，并向有关主管部门报告。

外籍人员利用互联网技术在线实施教育活动，应当遵守教育和外国人在华工作管理等有关法律、行政法规的规定。

第十七条　民办学校的举办者在获得筹设批准书之日起3年内完成筹设的，可以提出正式设立申请。

民办学校在筹设期内不得招生。

第十八条　申请正式设立实施学历教育的民办学校的，审批机关受理申请后，应当组织专家委员会评议，由专家委员会提出咨询意见。

第十九条　民办学校的章程应当规定下列主要事项：

（一）学校的名称、住所、办学地址、法人属性；

（二）举办者的权利义务，举办者变更、权益转让的办法；

（三）办学宗旨、发展定位、层次、类型、规模、形式等；

（四）学校开办资金、注册资本，资产的来源、性质等；

（五）理事会、董事会或者其他形式决策机构和监督机构的产生方法、人员构成、任期、议事规则等；

（六）学校党组织负责人或者代表进入学校决策机构和监督机构的程序；

（七）学校的法定代表人；

（八）学校自行终止的事由，剩余资产处置的办法与程序；

（九）章程修改程序。

民办学校应当将章程向社会公示，修订章程应当事先公告，征求利益相关方意见。完成修订后，报主管部门备案或者核准。

第二十条　民办学校只能使用一个名称。

民办学校的名称应当符合有关法律、行政法规的规定，不得损害社会公共利益，不得含有可能引发歧义的文字或者含有可能误导公众的其他法人名称。营利性民办学校可以在学校牌匾、成绩单、毕业证书、结业证书、学位证书及相关证明、招生广告和简章上使用经审批机关批准的法人简称。

第二十一条　民办学校开办资金、注册资本应当与学校类型、层次、办学规模相适应。民办学校正式设立时，开办资金、注册资本应当缴足。

第二十二条　对批准正式设立的民办学校，审批机关应当颁发办学许可证，并向社会公告。

办学许可的期限应当与民办学校的办学层次和类型相适应。民办学校在许可期限内无违法违规行为的，有效期届满可以自动延续、换领新证。

民办学校办学许可证的管理办法由国务院教育行政部门、人力资源社会保障行政部门依据职责分工分别制定。

第二十三条　民办学校增设校区应当向审批机关申请地址变更；设立分校应当向分校所在地审批机关单独申请办学许可，并报原审批机关备案。

第二十四条 民办学校依照有关法律、行政法规的规定申请法人登记，登记机关应当依法予以办理。

第三章 民办学校的组织与活动

第二十五条 民办学校理事会、董事会或者其他形式决策机构的负责人应当具有中华人民共和国国籍，具有政治权利和完全民事行为能力，在中国境内定居，品行良好，无故意犯罪记录或者教育领域不良从业记录。

民办学校法定代表人应当由民办学校决策机构负责人或者校长担任。

第二十六条 民办学校的理事会、董事会或者其他形式决策机构应当由举办者或者其代表、校长、党组织负责人、教职工代表等共同组成。鼓励民办学校理事会、董事会或者其他形式决策机构吸收社会公众代表，根据需要设独立理事或者独立董事。实施义务教育的民办学校理事会、董事会或者其他形式决策机构组成人员应当具有中华人民共和国国籍，且应当有审批机关委派的代表。

民办学校的理事会、董事会或者其他形式决策机构每年至少召开2次会议。经1/3以上组成人员提议，可以召开理事会、董事会或者其他形式决策机构临时会议。讨论下列重大事项，应当经2/3以上组成人员同意方可通过：

（一）变更举办者；

（二）聘任、解聘校长；

（三）修改学校章程；

（四）制定发展规划；

（五）审核预算、决算；

（六）决定学校的分立、合并、终止；

（七）学校章程规定的其他重大事项。

第二十七条 民办学校应当设立监督机构。监督机构应当有党的基层组织代表，且教职工代表不少于1/3。教职工人数少于20人的民办学校可以只设1至2名监事。

监督机构依据国家有关规定和学校章程对学校办学行为进行监督。

监督机构负责人或者监事应当列席学校决策机构会议。

理事会、董事会或者其他形式决策机构组成人员及其近亲属不得兼任、担任监督机构组成人员或者监事。

第二十八条　民办学校校长依法独立行使教育教学和行政管理职权。

民办学校内部组织机构的设置方案由校长提出，报理事会、董事会或者其他形式决策机构批准。

第二十九条　民办学校依照法律、行政法规和国家有关规定，自主开展教育教学活动；使用境外教材的，应当符合国家有关规定。

实施高等教育和中等职业技术学历教育的民办学校，可以按照办学宗旨和培养目标自主设置专业、开设课程、选用教材。

实施普通高中教育、义务教育的民办学校可以基于国家课程标准自主开设有特色的课程，实施教育教学创新，自主设置的课程应当报主管教育行政部门备案。实施义务教育的民办学校不得使用境外教材。

实施学前教育的民办学校开展保育和教育活动，应当遵循儿童身心发展规律，设置、开发以游戏、活动为主要形式的课程。

实施以职业技能为主的职业资格培训、职业技能培训的民办学校可以按照与培训专业（职业、工种）相对应的国家职业标准及相关职业培训要求开展培训活动，不得教唆、组织学员规避监管，以不正当手段获取职业资格证书、成绩证明等。

第三十条　民办学校应当按照招生简章或者招生广告的承诺，开设相应课程，开展教育教学活动，保证教育教学质量。

民办学校应当提供符合标准的校舍和教育教学设施设备。

第三十一条　实施学前教育、学历教育的民办学校享有与同级同类公办学校同等的招生权，可以在审批机关核定的办学规模内，自主确定招生的标准和方式，与公办学校同期招生。

实施义务教育的民办学校应当在审批机关管辖的区域内招生，纳入审批机关所在地统一管理。实施普通高中教育的民办学校应当主要在学校所在设区的市范围内招生，符合省、自治区、直辖市人民政府教育行政部门有关规定的可以跨区域招生。招收接受高等学历教育学生的应当遵守国家有关规定。

县级以上地方人民政府教育行政部门、人力资源社会保障行政部门应当为外地的民办学校在本地招生提供平等待遇，不得设置跨区域招生障碍实行地区封锁。

民办学校招收学生应当遵守招生规则，维护招生秩序，公开公平公正录取学生。实施义务教育的民办学校不得组织或者变相组织学科知识类入学考试，不得提前招生。

民办学校招收境外学生，按照国家有关规定执行。

第三十二条 实施高等学历教育的民办学校符合学位授予条件的，依照有关法律、行政法规的规定经审批同意后，可以获得相应的学位授予资格。

第四章 教师与受教育者

第三十三条 民办学校聘任的教师或者教学人员应当具备相应的教师资格或者其他相应的专业资格、资质。

民办学校应当有一定数量的专任教师；其中，实施学前教育、学历教育的民办学校应当按照国家有关规定配备专任教师。

鼓励民办学校创新教师聘任方式，利用信息技术等手段提高教学效率和水平。

第三十四条 民办学校自主招聘教师和其他工作人员，并应当与所招聘人员依法签订劳动或者聘用合同，明确双方的权利义务等。

民办学校聘任专任教师，在合同中除依法约定必备条款外，还应当对教师岗位及其职责要求、师德和业务考核办法、福利待遇、培训和继续教育等事项作出约定。

公办学校教师未经所在学校同意不得在民办学校兼职。

民办学校聘任外籍人员，按照国家有关规定执行。

第三十五条 民办学校应当建立教师培训制度，为受聘教师接受相应的思想政治培训和业务培训提供条件。

第三十六条 民办学校应当依法保障教职工待遇，按照学校登记的法人类型，按时足额支付工资，足额缴纳社会保险费和住房公积金。国家鼓励民办学校按照有关规定为教职工建立职业年金或者企业年金等补充养老保险。

实施学前教育、学历教育的民办学校应当从学费收入中提取一定比例建立专项资金或者基金，由学校管理，用于教职工职业激励或者增加待遇保障。

第三十七条　教育行政部门应当会同有关部门建立民办幼儿园、中小学专任教师劳动、聘用合同备案制度，建立统一档案，记录教师的教龄、工龄，在培训、考核、专业技术职务评聘、表彰奖励、权利保护等方面，统筹规划、统一管理，与公办幼儿园、中小学聘任的教师平等对待。

民办职业学校、高等学校按照国家有关规定自主开展教师专业技术职务评聘。

教育行政部门应当会同有关部门完善管理制度，保证教师在公办学校和民办学校之间的合理流动；指导和监督民办学校建立健全教职工代表大会制度。

第三十八条　实施学历教育的民办学校应当依法建立学籍和教学管理制度，并报主管部门备案。

第三十九条　民办学校及其教师、职员、受教育者申请政府设立的有关科研项目、课题等，享有与同级同类公办学校及其教师、职员、受教育者同等的权利。相关项目管理部门应当按规定及时足额拨付科研项目、课题资金。

各级人民政府应当保障民办学校的受教育者在升学、就业、社会优待、参加先进评选，以及获得助学贷款、奖助学金等国家资助等方面，享有与同级同类公办学校的受教育者同等的权利。

实施学历教育的民办学校应当建立学生资助、奖励制度，并按照不低于当地同级同类公办学校的标准，从学费收入中提取相应资金用于资助、奖励学生。

第四十条　教育行政部门、人力资源社会保障行政部门和其他有关部门，组织有关的评奖评优、文艺体育活动和课题、项目招标，应当为民办学校及其教师、职员、受教育者提供同等的机会。

第五章　民办学校的资产与财务管理

第四十一条　民办学校应当依照《中华人民共和国会计法》和国家统一的会计制度进行会计核算，编制财务会计报告。

第四十二条 民办学校应当建立办学成本核算制度，基于办学成本和市场需求等因素，遵循公平、合法和诚实信用原则，考虑经济效益与社会效益，合理确定收费项目和标准。对公办学校参与举办、使用国有资产或者接受政府生均经费补助的非营利性民办学校，省、自治区、直辖市人民政府可以对其收费制定最高限价。

第四十三条 民办学校资产中的国有资产的监督、管理，按照国家有关规定执行。

民办学校依法接受的捐赠财产的使用和管理，依照有关法律、行政法规执行。

第四十四条 非营利性民办学校收取费用、开展活动的资金往来，应当使用在有关主管部门备案的账户。有关主管部门应当对该账户实施监督。

营利性民办学校收入应当全部纳入学校开设的银行结算账户，办学结余分配应当在年度财务结算后进行。

第四十五条 实施义务教育的民办学校不得与利益关联方进行交易。其他民办学校与利益关联方进行交易的，应当遵循公开、公平、公允的原则，合理定价、规范决策，不得损害国家利益、学校利益和师生权益。

民办学校应当建立利益关联方交易的信息披露制度。教育、人力资源社会保障以及财政等有关部门应当加强对非营利性民办学校与利益关联方签订协议的监管，并按年度对关联交易进行审查。

前款所称利益关联方是指民办学校的举办者、实际控制人、校长、理事、董事、监事、财务负责人等以及与上述组织或者个人之间存在互相控制和影响关系、可能导致民办学校利益被转移的组织或者个人。

第四十六条 在每个会计年度结束时，民办学校应当委托会计师事务所对年度财务报告进行审计。非营利性民办学校应当从经审计的年度非限定性净资产增加额中，营利性民办学校应当从经审计的年度净收益中，按不低于年度非限定性净资产增加额或者净收益的10%的比例提取发展基金，用于学校的发展。

第六章　管理与监督

　　第四十七条　县级以上地方人民政府应当建立民办教育工作联席会议制度。教育、人力资源社会保障、民政、市场监督管理等部门应当根据职责会同有关部门建立民办学校年度检查和年度报告制度，健全日常监管机制。

　　教育行政部门、人力资源社会保障行政部门及有关部门应当建立民办学校信用档案和举办者、校长执业信用制度，对民办学校进行执法监督的情况和处罚、处理结果应当予以记录，由执法、监督人员签字后归档，并依法依规公开执法监督结果。相关信用档案和信用记录依法纳入全国信用信息共享平台、国家企业信用信息公示系统。

　　第四十八条　审批机关应当及时公开民办学校举办者情况、办学条件等审批信息。

　　教育行政部门、人力资源社会保障行政部门应当依据职责分工，定期组织或者委托第三方机构对民办学校的办学水平和教育质量进行评估，评估结果应当向社会公开。

　　第四十九条　教育行政部门及有关部门应当制定实施学前教育、学历教育民办学校的信息公示清单，监督民办学校定期向社会公开办学条件、教育质量等有关信息。

　　营利性民办学校应当通过全国信用信息共享平台、国家企业信用信息公示系统公示相关信息。

　　有关部门应当支持和鼓励民办学校依法建立行业组织，研究制定相应的质量标准，建立认证体系，制定推广反映行业规律和特色要求的合同示范文本。

　　第五十条　民办学校终止的，应当交回办学许可证，向登记机关办理注销登记，并向社会公告。

　　民办学校自己要求终止的，应当提前6个月发布拟终止公告，依法依章程制定终止方案。

　　民办学校无实际招生、办学行为的，办学许可证到期后自然废止，由审批机关予以公告。民办学校自行组织清算后，向登记机关办理注销登记。

对于因资不抵债无法继续办学而被终止的民办学校，应当向人民法院申请破产清算。

第五十一条　国务院教育督导机构及省、自治区、直辖市人民政府负责教育督导的机构应当对县级以上地方人民政府及其有关部门落实支持和规范民办教育发展法定职责的情况进行督导、检查。

县级以上人民政府负责教育督导的机构依法对民办学校进行督导并公布督导结果，建立民办中小学、幼儿园责任督学制度。

第七章　支持与奖励

第五十二条　各级人民政府及有关部门应当依法健全对民办学校的支持政策，优先扶持办学质量高、特色明显、社会效益显著的民办学校。

县级以上地方人民政府可以参照同级同类公办学校生均经费等相关经费标准和支持政策，对非营利性民办学校给予适当补助。

地方人民政府出租、转让闲置的国有资产应当优先扶持非营利性民办学校。

第五十三条　民办学校可以依法以捐赠者的姓名、名称命名学校的校舍或者其他教育教学设施、生活设施。捐赠者对民办学校发展做出特殊贡献的，实施高等学历教育的民办学校经国务院教育行政部门按照国家规定的条件批准，其他民办学校经省、自治区、直辖市人民政府教育行政部门或者人力资源社会保障行政部门按照国家规定的条件批准，可以以捐赠者的姓名或者名称作为学校校名。

第五十四条　民办学校享受国家规定的税收优惠政策；其中，非营利性民办学校享受与公办学校同等的税收优惠政策。

第五十五条　地方人民政府在制定闲置校园综合利用方案时，应当考虑当地民办教育发展需求。

新建、扩建非营利性民办学校，地方人民政府应当按照与公办学校同等原则，以划拨等方式给予用地优惠。

实施学前教育、学历教育的民办学校使用土地，地方人民政府可以依法以协议、招标、拍卖等方式供应土地，也可以采取长期租赁、先租后让、租让结合的方式供应土地，土地出让价款和租金可以在规定期限内按合同约定分期缴纳。

第五十六条　在西部地区、边远地区和少数民族地区举办的民办学校申请贷款用于学校自身发展的，享受国家相关的信贷优惠政策。

第五十七条　县级以上地方人民政府可以根据本行政区域的具体情况，设立民办教育发展专项资金，用于支持民办学校提高教育质量和办学水平、奖励举办者等。

国家鼓励社会力量依法设立民办教育发展方面的基金会或者专项基金，用于支持民办教育发展。

第五十八条　县级人民政府根据本行政区域实施学前教育、义务教育或者其他公共教育服务的需要，可以与民办学校签订协议，以购买服务等方式，委托其承担相应教育任务。

委托民办学校承担普惠性学前教育、义务教育或者其他公共教育任务的，应当根据当地相关教育阶段的委托协议，拨付相应的教育经费。

第五十九条　县级以上地方人民政府可以采取政府补贴、以奖代补等方式鼓励、支持非营利性民办学校保障教师待遇。

第六十条　国家鼓励、支持保险机构设立适合民办学校的保险产品，探索建立行业互助保险等机制，为民办学校重大事故处理、终止善后、教职工权益保障等事项提供风险保障。

金融机构可以在风险可控前提下开发适合民办学校特点的金融产品。民办学校可以以未来经营收入、知识产权等进行融资。

第六十一条　除民办教育促进法和本条例规定的支持与奖励措施外，省、自治区、直辖市人民政府还可以根据实际情况，制定本地区促进民办教育发展的支持与奖励措施。

各级人民政府及有关部门在对现有民办学校实施分类管理改革时，应当充分考虑有关历史和现实情况，保障受教育者、教职工和举办者的合法权益，确保民办学校分类管理改革平稳有序推进。

第八章　法律责任

第六十二条　民办学校举办者及实际控制人、决策机构或者监督机构组成人员有下列情形之一的，由县级以上人民政府教育行政部门、人力资源社会保障行政部门或者其他有关部门依据职责分工责令限期改正，有违法所得的，退还所收费用后没收违法所得；情节严重的，1 至 5 年内不得新成为民办学校举办者或实际控制人、决策机构或者监督机构组成人员；情节特别严重、社会影响恶劣的，永久不得新成为民办学校举办者或实际控制人、决策机构或者监督机构组成人员；构成违反治安管理行为的，由公安机关依法给予治安管理处罚；构成犯罪的，依法追究刑事责任：

（一）利用办学非法集资，或者收取与入学关联的费用的；

（二）未按时、足额履行出资义务，或者抽逃出资、挪用办学经费的；

（三）侵占学校法人财产或者非法从学校获取利益的；

（四）与实施义务教育的民办学校进行关联交易，或者与其他民办学校进行关联交易损害国家利益、学校利益和师生权益的；

（五）伪造、变造、买卖、出租、出借办学许可证的；

（六）干扰学校办学秩序或者非法干预学校决策、管理的；

（七）擅自变更学校名称、层次、类型和举办者的；

（八）有其他危害学校稳定和安全、侵犯学校法人权利或者损害教职工、受教育者权益的行为的。

第六十三条　民办学校有下列情形之一的，依照《民办教育促进法》第六十二条规定给予处罚：

（一）违背国家教育方针，偏离社会主义办学方向，或者未保障学校党组织履行职责的；

（二）违反法律、行政法规和国家有关规定开展教育教学活动的；

（三）理事会、董事会或者其他形式决策机构未依法履行职责的；

（四）教学条件明显不能满足教学要求、教育教学质量低下，未及时采取措施的；

（五）校舍、其他教育教学设施设备存在重大安全隐患，未及时采取措施的；

（六）侵犯受教育者的合法权益，产生恶劣社会影响的；

（七）违反国家规定聘任、解聘教师，或者未依法保障教职工待遇的；

（八）违反规定招生，或者在招生过程中弄虚作假的；

（九）超出办学许可范围，擅自改变办学地址或者设立分校的；

（十）未依法履行公示办学条件和教育质量有关材料、财务状况等信息披露义务，或者公示的材料不真实的；

（十一）未按照国家统一的会计制度进行会计核算、编制财务会计报告，财务、资产管理混乱，或者违反法律、法规增加收费项目、提高收费标准的；

（十二）有其他管理混乱严重影响教育教学的行为的。

法律、行政法规对前款规定情形的处罚另有规定的，从其规定。

第六十四条　民办学校有《民办教育促进法》第六十二条或者本条例第六十三条规定的违法情形的，由县级以上人民政府教育行政部门、人力资源社会保障行政部门或者其他有关部门依据职责分工对学校决策机构负责人、校长及直接责任人予以警告；情节严重的，1 至 5 年内不得新成为民办学校决策机构负责人或者校长；情节特别严重、社会影响恶劣的，永久不得新成为民办学校决策机构负责人或者校长。

同时举办或者实际控制多所民办学校的举办者或者实际控制人违反本条例规定，对所举办或者实际控制的民办学校疏于管理，造成恶劣影响的，由县级以上教育行政部门、人力资源社会保障行政部门或者其他有关部门依据职责分工责令限期整顿；拒不整改或者整改后仍发生同类问题的，1 至 5 年内不得举办新的民办学校，情节严重的，10 年内不得举办新的民办学校。

第六十五条　违反本条例规定举办、参与举办民办学校或者在民办学校筹设期内招生的，依照《民办教育促进法》第六十四条规定给予处罚。

第九章　附　则

第六十六条　本条例所称现有民办学校，是指 2016 年 11 月 7 日《全国人民代表大会常务委员会关于修改〈中华人民共和国民办教育促进法〉的决定》公布前设立的民办学校。

第六十七条　本条例规定的支持与奖励措施适用于中外合作办学机构。

第六十八条　本条例自 2021 年 9 月 1 日起施行。

附录4　中共中央 国务院关于深化教育教学改革全面提高义务教育质量的意见

(2019 年 6 月 23 日)

义务教育质量事关亿万少年儿童健康成长，事关国家发展，事关民族未来。为深入贯彻党的十九大精神和全国教育大会部署，加快推进教育现代化，建设教育强国，办好人民满意的教育，现就深化教育教学改革、全面提高义务教育质量提出如下意见。

一、坚持立德树人，着力培养担当民族复兴大任的时代新人

1. 指导思想。坚持以习近平新时代中国特色社会主义思想为指导，全面贯彻党的教育方针，落实立德树人根本任务，遵循教育规律，强化教师队伍基础作用，围绕凝聚人心、完善人格、开发人力、培育人才、造福人民的工作目标，发展素质教育，培养德智体美劳全面发展的社会主义建设者和接班人。

2. 基本要求。树立科学的教育质量观，深化改革，构建德智体美劳全面培养的教育体系，健全立德树人落实机制，着力在坚定理想信念、厚植爱国主义情怀、加强品德修养、增长知识见识、培养奋斗精神、增强综合素质上下功夫。坚持德育为先，教育引导学生爱党爱国爱人民爱社会主义；坚持全面发展，为学生终身发展奠基；坚持面向全体，办好每所学校、教好每名学生；坚持知行合一，让学生成为生活和学习的主人。

二、坚持"五育"并举，全面发展素质教育

3. 突出德育实效。完善德育工作体系，认真制定德育工作实施方

案，深化课程育人、文化育人、活动育人、实践育人、管理育人、协同育人。大力开展理想信念、社会主义核心价值观、中华优秀传统文化、生态文明和心理健康教育。加强爱国主义、集体主义、社会主义教育，引导少年儿童听党话、跟党走。加强品德修养教育，强化学生良好行为习惯和法治意识养成。打造中小学生社会实践大课堂，充分发挥爱国主义、优秀传统文化等教育基地和各类公共文化设施与自然资源的重要育人作用，向学生免费或优惠开放。广泛开展先进典型、英雄模范学习宣传活动，积极创建文明校园。健全创作激励与宣传推介机制，提供寓教于乐的优秀儿童文化精品；强化对网络游戏、微视频等的价值引领与管控，创造绿色健康网上空间。突出政治启蒙和价值观塑造，充分发挥共青团、少先队组织育人作用。

4. 提升智育水平。着力培养认知能力，促进思维发展，激发创新意识。严格按照国家课程方案和课程标准实施教学，确保学生达到国家规定学业质量标准。充分发挥教师主导作用，引导教师深入理解学科特点、知识结构、思想方法，科学把握学生认知规律，上好每一堂课。突出学生主体地位，注重保护学生好奇心、想象力、求知欲，激发学习兴趣，提高学习能力。加强科学教育和实验教学，广泛开展多种形式的读书活动。各地要加强监测和督导，坚决防止学生学业负担过重。

5. 强化体育锻炼。坚持健康第一，实施学校体育固本行动。严格执行学生体质健康合格标准，健全国家监测制度。除体育免修学生外，未达体质健康合格标准的，不得发放毕业证书。开齐开足体育课，将体育科目纳入高中阶段学校考试招生录取计分科目。科学安排体育课运动负荷，开展好学校特色体育项目，大力发展校园足球，让每位学生掌握1至2项运动技能。广泛开展校园普及性体育运动，定期举办学生运动会或体育节。鼓励地方向学生免费或优惠开放公共运动场所。通过购买服务等方式，鼓励体育社会组织为学生提供高质量体育服务。精准实施农村义务教育学生营养改善计划。健全学生视力健康综合干预体系，保障学生充足睡眠时间。

6. 增强美育熏陶。实施学校美育提升行动，严格落实音乐、美术、书法等课程，结合地方文化设立艺术特色课程。广泛开展校园艺术活动，帮助每位学生学会1至2项艺术技能、会唱主旋律歌曲。引导学生了解世界优秀艺术，增强文化理解。鼓励学校组建特色艺术团队，办好中小学生艺术展演，推进中华优秀传统文化艺术传承学校建设。通过购买服务等方式，鼓励专业艺术人才到中小学兼职任教。支持艺术院校在中小学建立对口支援基地。

7. 加强劳动教育。充分发挥劳动综合育人功能，制定劳动教育指导纲要，加强学生生活实践、劳动技术和职业体验教育。优化综合实践活动课程结构，确保劳动教育课时不少于一半。家长要给孩子安排力所能及的家务劳动，学校要坚持学生值日制度，组织学生参加校园劳动，积极开展校外劳动实践和社区志愿服务。创建一批劳动教育实验区，农村地区要安排相应田地、山林、草场等作为学农实践基地，城镇地区要为学生参加农业生产、工业体验、商业和服务业实践等提供保障。

三、强化课堂主阵地作用，切实提高课堂教学质量

8. 优化教学方式。坚持教学相长，注重启发式、互动式、探究式教学，教师课前要指导学生做好预习，课上要讲清重点难点、知识体系，引导学生主动思考、积极提问、自主探究。融合运用传统与现代技术手段，重视情境教学；探索基于学科的课程综合化教学，开展研究型、项目化、合作式学习。精准分析学情，重视差异化教学和个别化指导。各地要定期开展聚焦课堂教学质量的主题活动，注重培育、遴选和推广优秀教学模式、教学案例。

9. 加强教学管理。省级教育部门要分学科制定课堂教学基本要求，市县级教育部门要指导学校形成教学管理特色。学校要健全教学管理规程，统筹制定教学计划，优化教学环节；开齐开足开好国家规定课程，不得随意增减课时、改变难度、调整进度；严格按课程标准零起点教学，小学一年级设置过渡性活动课程，注重做好幼小衔接；坚持和完善集体备课制度，认真制定教案。各地各校要切实加强课程实施日常监督，不得有提前结课备考、超标教学、违规统考、考试排名和不履行教学责任等行为。

10. 完善作业考试辅导。统筹调控不同年级、不同学科作业数量和作业时间，促进学生完成好基础性作业，强化实践性作业，探索弹性作业和跨学科作业，不断提高作业设计质量。杜绝将学生作业变成家长作业或要求家长检查批改作业，不得布置惩罚性作业。教师要认真批改作

业，强化面批讲解，及时做好反馈。从严控制考试次数，考试内容要符合课程标准、联系学生生活实际，考试成绩实行等级评价，严禁以任何方式公布学生成绩和排名。建立学有困难学生帮扶制度，为学有余力学生拓展学习空间。各地要完善政策支持措施，不断提高课后服务水平。

11. 促进信息技术与教育教学融合应用。推进"教育＋互联网"发展，按照服务教师教学、服务学生学习、服务学校管理的要求，建立覆盖义务教育各年级各学科的数字教育资源体系。加快数字校园建设，积极探索基于互联网的教学。免费为农村和边远贫困地区学校提供优质学习资源，加快缩小城乡教育差距。加强信息化终端设备及软件管理，建立数字化教学资源进校园审核监管机制。

四、按照"四有好老师"标准，建设高素质专业化教师队伍

12. 大力提高教育教学能力。以新时代教师素质要求和国家课程标准为导向，改革和加强师范教育，提高教师培养培训质量。实施全员轮训，突出新课程、新教材、新方法、新技术培训，强化师德教育和教学基本功训练，不断提高教师育德、课堂教学、作业与考试命题设计、实验操作和家庭教育指导等能力。进一步实施好"国培计划"，增加农村教师培训机会，加强紧缺学科教师培训。实施乡村优秀青年教师培养奖励计划，定期开展教学素养展示和教学名师评选活动，对教育教学业绩突出的教师予以表彰奖励。

13. 优化教师资源配置。各地要按照中小学教职工编制标准做好编制核定工作，并制定小规模学校编制核定标准和通过政府购买服务方式为寄宿制学校提供生活服务的实施办法。对符合条件的非在编教师要加快入编，不得产生新的代课教师。县级教育部门要按照班额、生源等情况，在核定的总量内，统筹调配各校编制和岗位数量，并向同级机构编制、人力资源社会保障和财政部门备案。制定符合教师职业特点的公开招聘办法，充分发挥教育部门和学校在教师招聘中的重要作用，严格教师资格准入制度。实行教师资格定期注册制度，对不适应教育教学的应及时调整。加大县域内城镇与乡村教师双向交流、定期轮岗力度，建立

学区（乡镇）内教师走教制度。进一步实施好农村教师"特岗计划"和"银龄讲学计划"。完善教师岗位分级认定办法，适当提高教师中、高级岗位比例。

14．依法保障教师权益和待遇。制定教师优待办法，保障教师享有健康体检、旅游、住房、落户等优待政策。坚持教育投入优先保障并不断提高教师待遇。完善义务教育绩效工资总量核定办法，建立联动增长机制，确保义务教育教师平均工资收入水平不低于当地公务员平均工资收入水平。完善绩效工资分配办法，绩效工资增量主要用于奖励性绩效工资分配；切实落实学校分配自主权，并向教学一线和教学实绩突出的教师倾斜。落实乡村教师乡镇工作补贴、集中连片特困地区生活补助和艰苦边远地区津贴等政策，有条件的地方对在乡村有教学任务的教师给予交通补助。加强乡村学校教师周转宿舍建设。制定实施细则，明确教师教育惩戒权。依法依规妥善处理涉及学校和教师的矛盾纠纷，坚决维护教师合法权益。

15．提升校长实施素质教育能力。校长是学校提高教育质量的第一责任人，应经常深入课堂听课、参与教研、指导教学，努力提高教育教学领导力。尊重校长岗位特点，完善选任机制与管理办法，推行校长职级制，努力造就一支政治过硬、品德高尚、业务精湛、治校有方的高素质专业化校长队伍。加大校长特别是乡村学校校长培训力度，开展校长国内外研修。倡导教育家办学，支持校长大胆实践，创新教育理念、教育模式、教育方法，营造教育家脱颖而出的制度环境。

五、深化关键领域改革，为提高教育质量创造条件

16．加强课程教材建设。国家建立义务教育课程方案、课程标准修订和实施监测机制，完善教材管理办法。省级教育部门制定地方课程和校本课程开发与实施指南，并建立审议评估和质量监测制度。县级教育部门要加强校本课程监管，构建学校间共建共享机制。学校要提高校本课程质量，校本课程原则上不编写教材。严禁用地方课程、校本课程取代国家课程，严禁使用未经审定的教材。义务教育学校不得引进境外课程、使用境外教材。完善义务教育装备基本标准，有条件的地方可建设创新实验室、综合实验室。

17. 完善招生考试制度。推进义务教育学校免试就近入学全覆盖。健全联控联保机制，精准做好控辍保学工作。严禁以各类考试、竞赛、培训成绩或证书证明等作为招生依据，不得以面试、评测等名义选拔学生。民办义务教育学校招生纳入审批地统一管理，与公办学校同步招生；对报名人数超过招生计划的，实行电脑随机录取。高中阶段学校实行基于初中学业水平考试成绩、结合综合素质评价的招生录取模式，落实优质普通高中招生指标分配到初中政策，公办民办普通高中按审批机关统一批准的招生计划、范围、标准和方式同步招生。稳步推进初中学业水平考试省级统一命题，坚持以课程标准为命题依据，不得制定考试大纲，不断提高命题水平。

18. 健全质量评价监测体系。建立以发展素质教育为导向的科学评价体系，国家制定县域义务教育质量、学校办学质量和学生发展质量评价标准。县域教育质量评价突出考查地方党委和政府对教育教学改革的价值导向、组织领导、条件保障和义务教育均衡发展情况等。学校办学质量评价突出考查学校坚持全面培养、提高学生综合素质以及办学行为、队伍建设、学业负担、社会满意度等。学生发展质量评价突出考查学生品德发展、学业发展、身心健康、兴趣特长和劳动实践等。坚持和完善国家义务教育质量监测制度，强化过程性和发展性评价，建立监测平台，定期发布监测报告。

19. 发挥教研支撑作用。加强和改进新时代教研工作，理顺教研管理体制，完善国家、省、市、县、校教研体系，有条件的地方应独立设置教研机构。明确教研员工作职责和专业标准，健全教研员准入、退出、考核激励和专业发展机制。建立专兼结合的教研队伍，省、市、县三级教研机构应配齐所有学科专职教研员。完善区域教研、校本教研、网络教研、综合教研制度，建立教研员乡村学校联系点制度。鼓励高等学校、科研机构等参与教育教学研究与改革工作。

20. 激发学校生机活力。推进现代学校制度建设，落实学校办学自主权，保障学校自主设立内设机构，依法依规实施教育教学活动、聘用教师及其他工作人员、管理使用学校经费等。各地要完善统筹协调机制，严格控制面向义务教育学校的各类审批、检查验收、创建评比等活动，未经当地教育部门同意，任何单位不得到学校开展有关活动。发挥优质学校示范辐射作用，完善强校带弱校、城乡对口支援等办学机制，促进新优质学校成长。对提高教育质量成效显著和发挥示范辐射作用突出的学校，应给予支持和奖励。

21. 实施义务教育质量提升工程。保障义务教育财政经费投入，加大对教师队伍建设、教育教学改革、提高教育质量经费支持力度。实施优秀教学成果推广应用计划，整合建设国家中小学生网络学习平台。推进义务教育薄弱环节改善与能力提升，重点加强乡村小规模学校和乡镇寄宿制学校建设，打造"乡村温馨校园"；加快消除城镇大班额，逐步降低班额标准，促进县域义务教育从基本均衡向优质均衡发展。

六、加强组织领导，开创新时代义务教育改革发展新局面

22. 坚持党的全面领导。各级党委和政府要把办好义务教育作为重中之重，全面加强党的领导，切实履行省级和市级政府统筹实施、县级政府为主管理责任。党政有关负责人要牢固树立科学教育观、正确政绩观，严禁下达升学指标或片面以升学率评价学校和教师。要选优配强教育部门领导干部，特别是县级教育局局长。县级党委和政府每年要至少听取 1 次义务教育工作汇报，及时研究解决有关重大问题。加强学校党的建设，充分发挥学校党组织领导作用，强化党建带团建、队建。将校园安全纳入社会治理，完善校园安全风险防控体系和依法处理机制，坚决杜绝"校闹"行为，维护正常教育教学秩序。

23. 落实部门职责。教育部门要会同有关部门为深化教育教学改革、提高义务教育质量提供保障条件，切实管好学校。组织部门要加强对党政领导班子及有关领导干部履行教育职责的考核，按照干部管理权限做好教育部门和单位领导干部选拔任用工作，指导学校做好党建工作。宣传部门要抓好正面宣传和舆论引导工作，营造教书育人良好氛围。机构编制部门要做好学校编制核定工作。发展改革部门要将义务教育发展纳入国民经济和社会发展规划。自然资源、住房城乡建设部门要配合做好学校布局规划，统筹做好土地供给和学校建设工作。财政部门要加大财政投入，优化支出结构，确保义务教育经费落实到位。人力资源社会保障部门要依法落实教师待遇，为学校招聘教师提供支持。民政

部门要牵头做好农村留守儿童关爱保护工作。网信、文化和旅游部门要推动提供更多儿童优秀文化产品，净化网络文化环境。党委政法委要协调公安、司法行政等政法机关和有关部门，加强校园及周边综合治理，维护校园正常秩序和师生合法权益。市场监督管理部门要做好校外培训机构登记、收费、广告、反垄断等监管工作。共青团组织要积极开展思想政治引领和价值引领。妇联要加强社区家庭教育指导服务，少先队等群团组织和关心下一代工作委员会要做好少年儿童有关教育引导和关爱保护工作。

24. 重视家庭教育。加快家庭教育立法，强化监护主体责任。加强社区家长学校、家庭教育指导服务站点建设，为家长提供公益性家庭教育指导服务。充分发挥学校主导作用，密切家校联系。家长要树立科学育儿观念，切实履行家庭教育职责，加强与孩子沟通交流，培养孩子的好思想、好品行、好习惯，理性帮助孩子确定成长目标，克服盲目攀比，防止增加孩子过重课外负担。

25. 强化考核督导。各级党委和政府要把全面提高义务教育质量纳入党政领导干部考核督查范围，并将结果作为干部选任、表彰奖励的重要参考。强化教育教学督导，将其作为对省、市、县级政府履行教育职责督导评估的重要内容，把结果作为评价政府履职行为、学校办学水平、实施绩效奖励的重要依据。对办学方向、教育投入、学校建设、教师队伍、教育生态等方面存在严重问题的地方，要依法依规追究当地政府和主要领导责任；对违背党的教育方针、背离素质教育导向、不按国家课程方案和课程标准实施教学等行为，要依法依规追究教育行政部门、学校、教师和有关人员责任。

26. 营造良好生态。全党全社会都要关心支持深化教育教学改革、全面提高义务教育质量工作。新闻媒体要坚持正确舆论导向，做好党的教育方针、科学教育观念和教育教学改革典型经验宣传报道。坚决治理校外违规培训和竞赛行为。大力营造义务教育持续健康协调发展的良好氛围，更好发挥义务教育在实现中华民族伟大复兴中国梦中的奠基作用。